Die perfekte Kom

Zur Überprüfung und Vertiefung Ihres Wissens

- Mit den Tests auf der CD prüfen Sie Ihren Wissensstand: 100 Fragen zu den zentralen Themen zeigen Ihnen, wo Sie noch Lücken haben und wo der Stoff schon sitzt.
- Mit den Originalklausuren (mit Lösungsskizze) üben Sie die juristische Vorgehensweise der Falllösung.

Verschaffen Sie sich sichere Kenntnisse

- Alle wichtigen Gesetze und Urteile, die im Buch erwähnt werden, finden Sie auf der CD.

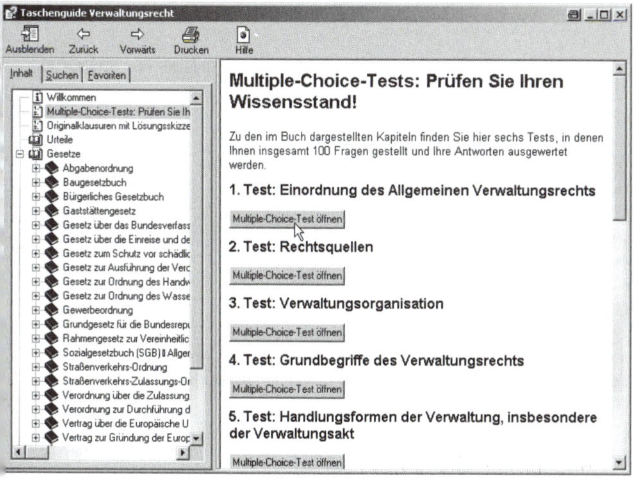

Informationen zu den Systemvoraussetzungen finden Sie auf Seite 139.

Bibliografische Information der Deutschen Bibliothek
Die Deutsche Bibliothek verzeichnet diese Publikation in der Deutschen Nationalbibliografie; detaillierte bibliografische Daten sind im Internet über http://dnb.ddb.de abrufbar.

ISBN 3-448-06210-3 **Bestell-Nr. 00819-0001**

Niederlassung Planegg b. München
Postanschrift: Postfach, 82142 Planegg
Hausanschrift: Fraunhoferstraße 5, 82152 Planegg
Fon (0 89) 8 95 17-0, Fax (0 89) 8 95 17-2 50
online@haufe.de
www.haufe.de
www.taschenguide.de
Lektorat: Ulrich Leinz

Umschlagentwurf: Agentur Buttgereit & Heidenreich, 45721 Haltern am See
Umschlaggestaltung: 102 prozent design, Simone Kienle, Stuttgart
Desktop-Publishing: Agentur: Satz & Zeichen, Karin Lochmann, 83129 Höslwang
Druck: freiburger graphische betriebe, 79108 Freiburg

Zur Herstellung der Bücher wird nur alterungsbeständiges Papier verwendet.

Verwaltungsrecht

Prof. Dr. iur. Thomas Schomerus
Ass. iur. Yvonne Hobro

Haufe

Inhalt

6 **Vorwort**

7 ■ **1 Grundlagen**
7 **1.1** Standort
7 **1.2** Rechtsquellen
8 1.2.1 Arten
8 1.2.2 Nationales Recht
14 1.2.3 Gemeinschaftsrecht
15 1.2.4 Völkerrecht
16 1.2.5 Rangordnung
18 1.2.6 Exkurs: Zuordnung der Rechtsquelle zum Bundesrecht bzw. Landesrecht

20 ■ **2 Öffentliche Verwaltung**
20 **2.1** Begriff
20 **2.2** Träger
20 2.2.1 Allgemeines
26 2.2.2 Interne Organisation
28 2.2.3 Unmittelbare und mittelbare Staatsverwaltung
29 2.2.4 Verwaltungsaufbau
31 **2.3** Arten
31 2.3.1 Zwecksetzung
32 2.3.2 Rechtsformen

41 ■ **3 Grundsätze**
41 **3.1** Recht- und Gesetzmäßigkeit
41 3.1.1 Vorrang des Gesetzes
42 3.1.2 Vorbehalt des Gesetzes
43 **3.2** Gleichheit
44 **3.3** Ermessen und unbestimmter Rechtsbegriff
44 3.3.1 Gebundene Entscheidung
44 3.3.2 Unbestimmte Rechtsbegriffe
45 3.3.3 Ermessen
48 **3.4** Verhältnismäßigkeit

Handlungsformen	**4**	49
Verwaltungsakt	**4.1**	49
Bedeutung	4.1.1	49
Wesentliche Merkmale	4.1.2	50
Nebenbestimmungen	4.1.3	58
Fehler und Folgen	4.1.4	66
Wirksamkeit	4.1.5	67
Fehlerarten im Überblick	4.1.6	71
Rechtmäßigkeit	4.1.7	75
Rücknahme und Widerruf	4.1.8	87
Vollstreckung	4.1.9	95
Öffentlich-rechtlicher Vertrag	**4.2**	99
Arten	4.2.1	99
Zulässigkeit	4.2.2	100
Rechtsfolgen bei Fehlern	4.2.3	102
Plan	**4.3**	102
Informelles Verwaltungshandeln	**4.4**	102
Arten	4.4.1	103
Rechtmäßigkeitsvoraussetzungen	4.4.2	104
Rechtsschutz	4.4.3	104
Verwaltungsrechtsschutz	**5**	105
Außergerichtlicher Rechtsschutz	**5.1**	105
Petitionen	5.1.1	105
Widerspruchsverfahren	5.1.2	106
Gerichtlicher Rechtsschutz	**5.2**	120
Allgemeine Verfahrensgrundsätze	5.2.1	120
Endgültiger Rechtsschutz (Klagearten)	5.2.2	120
Vorläufiger Rechtsschutz	5.2.3	131
Stichwortverzeichnis		140

Vorwort

Mit dem vorliegenden Band wird die Reihe der Haufe Taschenguides Recht um das Allgemeine Verwaltungsrecht ergänzt. Verwaltungsrecht wird im Verhältnis zu anderen Rechtsgebieten mitunter als relativ starr und wenig dynamisch wahrgenommen. Dieser Eindruck täuscht. Die öffentliche Verwaltung ist grundlegenden Veränderungen ausgesetzt. Die immer knapper werdenden öffentlichen Haushalte, Anforderungen der Politik an die Beschleunigung von Verfahren oder die revolutionären Entwicklungen der modernen Kommunikationsgesellschaft setzen die Verwaltung und das Verwaltungsrecht vielfältigen Pressionen aus. Bei allem Bemühen um Einsparungen und Effizienzsteigerungen darf aber nicht verkannt werden, dass oberstes Ziel der Verwaltung das Streben nach Gerechtigkeit im Einzelfall sein muss. Es kann daher nicht angehen, wichtige Grundsätze des Rechtsstaates über Bord zu werfen. Der Beitrag versucht, die wesentlichen Grundsätze und Grundzüge des Verwaltungsrechts in diesem Spannungsfeld aufzuzeigen.

Das Werk wendet sich in erster Linie an Studierende der Rechtswissenschaften und des Wirtschaftsrechts, die einen Einstieg in dieses Rechtsgebiet finden wollen. Vor allem an sie sind auch die Falllösungshinweise im Text, die Klausurbeispiele oder die Multiple-Choice-Fragen gerichtet. Darüber hinaus ist es auch für Praktiker wie z. B. Rechtsanwälte oder Rechtssachbearbeiter in Unternehmen geeignet, die sich einen Überblick über die Grundzüge und Schwerpunkte des Allgemeinen Verwaltungsrechts verschaffen möchten.

Entstanden ist das Buch aus den Skripten, Übungen und Klausuren in der Anfänger-Lehrveranstaltung „Öffentliches Recht I“ des Wirtschaftsrechtsstudiengangs an der Universität Lüneburg. Hierdurch wird gewährleistet, dass sich die Inhalte eng an den Anforderungen des Studiums orientieren.

Die Autoren sind um ständige Verbesserung bemüht und sehr an Kritik und Anregungen interessiert. Diese können an den Verlag unter online@haufe.de oder an folgende Adresse gesandt werden: schomerus@uni-lueneburg.de.

Lüneburg, im März 2005

Prof. Dr. Thomas Schomerus und *Yvonne Hobro*

1 Grundlagen

1. 1 Standort

Das Verwaltungsrecht ist in zahlreiche Sondergebiete aufgegliedert, die die unterschiedlichsten Lebensbereiche beeinflussen, z. B. Bau-, Gewerbe-, Gaststättenrecht. Diese Sondergebiete sind das Besondere Verwaltungsrecht. Das Allgemeine Verwaltungsrecht ist für das Besondere Verwaltungsrecht das, was für das Zivilrecht der Allgemeine Teil des BGB ist. Im Allgemeinen Verwaltungsrecht finden sich die „vor die Klammer gezogenen" Regeln, die für alle Rechtsgebiete des Besonderen Verwaltungsrechts gelten, soweit es keine davon abweichenden Regelungen gibt. Dieser Allgemeine Teil des Verwaltungsrechts ist fast ausschließlich im Verwaltungsverfahrensgesetz (VwVfG) und in der Verwaltungsgerichtsordnung (VwGO) geregelt. Das VwVfG enthält die Regeln für die behördlichen Entscheidungsfindungsprozesse, die VwGO die gesetzlichen Vorgaben für den Verwaltungsgerichtsprozess.

Das VwVfG des Bundes gilt für die in § 1 VwVfG genannten Verwaltungstätigkeiten.

■ Lesen Sie § 1 VwVfG! ■

In der Praxis macht es keinen wesentlichen Unterschied, ob Bundes- oder Landes-VwVfG anzuwenden ist, da die Vorschriften weitestgehend wortgleich sind.

1.2 Rechtsquellen

Als Rechtsquellen des Verwaltungsrechts kann man diejenigen Erkenntnisgrundlagen bezeichnen, die der öffentlichen Verwaltung sagen, was rechtlich gelten soll und daher beim Handeln der öffentlichen Verwaltung zu beachten ist.

1.2.1 Arten

Es gibt unterschiedliche Rechtsquellen, die man zunächst nach der Art ihrer globalen Herkunft bzw. ihrem Urheber einteilen kann in:

- Völkerrecht
- Gemeinschaftsrecht
- Nationales Recht

Die meisten Rechtsquellen liegen in schriftlicher Form vor. **Geschriebene Rechtsquellen** werden vom jeweils zuständigen Rechtssetzungsorgan bewusst geschaffen und schriftlich fixiert. Manche Rechtsregeln gelten aber auch ohne dass sie irgendwo niedergeschrieben sind. In diesem Fall spricht man von **Gewohnheitsrecht**. Es entsteht erst durch dauerhafte, gleichmäßige Übung und die allgemeine Überzeugung, dass diese Übung als Recht gelten soll. Gewohnheitsrecht hat kaum noch Bedeutung, denn in den meisten Fällen ist es durch geschriebenes Recht ersetzt worden. Der Entwicklung von neuem Gewohnheitsrecht steht heute die Schnelllebigkeit auch im Bereich der Verwaltung entgegen.

Beispiele: Der (Vollzugs-)Folgenbeseitigungsanspruch ist als Rechtsinstitut im Verwaltungsrecht gewohnheitsrechtlich anerkannt; gleichwohl wird er z. T. aus dem Rechtsstaatsprinzip, dem subjektiven Abwehrcharakter der Freiheitsgrundrechte oder in Analogie zu §§ 1004, 906 BGB abgeleitet (zu Einzelheiten vgl. Maurer Allgemeines Verwaltungsrecht 15. Auflage 2004). Auch der Verhältnismäßigkeitsgrundsatz ist aus dem Rechtsstaatsprinzip abgeleitetes Gewohnheitsrecht mit Bundesverfassungsrang (BVerfGE 23, 127 ff., 133).

1.2.2 Nationales Recht

Zu den geschriebenen Rechtsquellen des nationalen Rechts zählen in absteigender Rangfolge, entsprechend dem Rang des Rechtssetzungsorgans:

- Verfassung
- Gesetz
- Rechtsverordnung
- Satzung

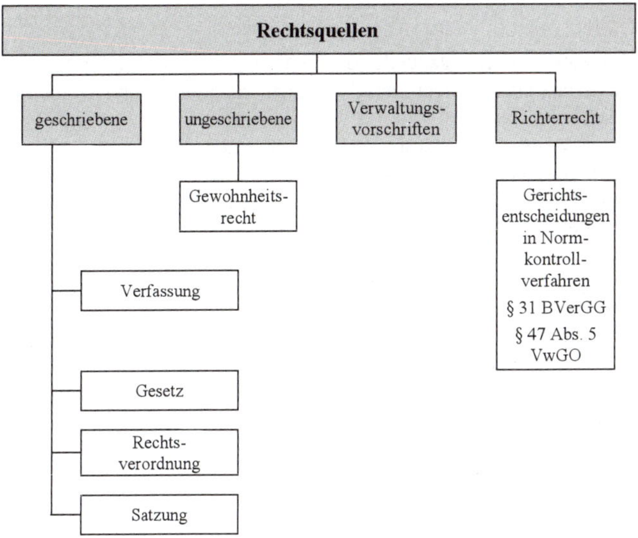

Verfassung

Die Verfassung der Bundesrepublik Deutschland, das Grundgesetz, legt die rechtliche Grundordnung unseres Staates fest. Im Grundgesetz sind subjektive Abwehrrechte des Individuums gegenüber dem Staat (Grundrechte), Staatszielbestimmungen, die Regelungen zum Aufbau und zur Organisation der Staatsgewalt sowie die Kompetenzen der Staatsorgane verankert. Wenn das Grundgesetz auch selbst keine Verwaltungsrechtsnorm im engeren Sinn darstellt, so ist es doch Maßstab und Grundlage jeglichen Verwaltungshandelns. Während das Verfassungsrecht je nach der jeweiligen staatlichen Grundausrichtung im letzten Jahrhundert häufige Brüche erfahren hat, zeigt das Verwaltungsrecht eine bemerkenswerte Kontinuität. Otto Mayer hat dazu den bekannten Satz geprägt: „Verfassungsrecht vergeht, Verwaltungsrecht besteht.“

■ Verfassung = Rechtliche Grundordnung des Staates ■

Gesetz

Die wichtigste Rechtsquelle für die Verwaltung ist das Gesetz. Bei Gesetzen unterscheidet man zwischen materiellen und formellen Gesetzen.

Unter **materiellen Gesetzen** versteht man die Gesamtheit der **Rechtsnormen**. Rechtsnormen sind alle abstrakt-generellen Regelungen, die für den Bürger verbindliche Regelungen vorsehen und somit unmittelbar nach außen wirken.

■ Materielle Gesetze = alle Rechtsnormen. ■

Unter **formellen Gesetzen** versteht man diejenigen Regelungen, die von einem Gesetzgebungsorgan (Parlament) im dafür vorgesehenen Gesetzgebungsverfahren erlassen wurden. Formelle Gesetze werden deswegen auch Parlamentsgesetze genannt.

■ Formelle Gesetze = Parlamentsgesetze. ■

Rechtsverordnung

Die Rechtsverordnung ist ein materielles Gesetz, das von der vollziehenden Gewalt (Exekutive) erlassen wird. Gegenüber dem parlamentarischen Gesetzgebungsverfahren ist die Rechtssetzung durch die Exekutive flexibler. Sie ermöglicht insbesondere die schnellere Anpassung an sich verändernde Verhältnisse und die Berücksichtigung regionaler Unterschiede. Der Erlass von Rechtsverordnungen ist nur aufgrund einer **Ermächtigung durch formelles Gesetz** zulässig (Art. 80 Abs. 1 GG). Diese Ermächtigung muss nach Inhalt, Zweck und Ausmaß hinreichend bestimmt sein. Somit stellt Rechtsetzung durch die Exekutive keine Durchbrechung des Gewaltenteilungsgrundsatzes dar, der besagt, dass die Gesetzgebung beim Parlament liegen soll. Die Exekutive wird nämlich nicht aus eigenem Recht gesetzgeberisch tätig. Die Verordnungsermächtigung für die Exekutive ist als Entlastung des parlamentarischen Gesetzgebers gedacht. Dieser soll sich auf die wesentlichen Entscheidungen konzentrieren. Die Regelung von Detailfragen bleibt dann der Exekutive überlassen.

■ Rechtsverordnung = Rechtsnorm, die von einem Exekutivorgan aufgrund parlamentarischer Ermächtigung erlassen wird. ■

Satzung

Satzungen sind abstrakt-generelle Regelungen. Sie werden von juristischen Personen des öffentlichen Rechts, dies sind Körperschaften, Anstalten und Stiftungen (z. B. Gemeinde, Landkreis, Industrie und Handelskammer (IHK)) im Rahmen ihrer Autonomie zur Regelung der eigenen Angelegenheiten erlassen. Die Satzungsbefugnis in eigenen Angelegenheiten bedarf wegen der demokratischen Legitimation der Organe, die die Satzungen erlassen, im Gegensatz zur Rechtsverordnung keiner speziellen gesetzlichen Ermächtigung, sog. **Satzungsautonomie**. Gleichwohl muss der juristischen Person des öffentlichen Rechts die Satzungsautonomie an sich kraft Gesetzes zugewiesen sein. Die Satzungsautonomie wird zum Teil durch die Verfassung gewährleistet (z. B. Art. 28 Abs. 2 GG) oder gesetzlich bestimmt (z. B. § 55 HandwO). Die Rolle des „Gesetzgebers" ist allerdings auf den **eigenen Aufgabenkreis** der juristischen Person des öffentlichen Rechts beschränkt. Satzungen gelten nur für den Mitglieder- oder Benutzerbereich. Wegen des Grundsatzes vom Vorbehalt des Gesetzes ermächtigt die allgemeine Satzungsbefugnis nicht zu Grundrechtseingriffen.

■ Satzung = Rechtsnorm, die von einer juristischen Personen des öffentlichen Rechts im Rahmen ihrer Autonomie zur Regelung eigener Angelegenheiten erlassen wird. ■

Sonderfall: Verwaltungsvorschriften

Verwaltungsvorschriften sind abstrakt-generelle Regelungen, die innerhalb der Verwaltungsorganisation von vorgesetzten Verwaltungsstellen an nachgeordnete Behörden oder Amtswalter gerichtet werden. Es ist umstritten, ob sie überhaupt zu den Rechtsquellen gehören, da ihnen im Gegensatz zur Rechtsnorm die unmittelbare Außenwirkung fehlt. Als verwaltungsinterne Regelungen begründen Verwaltungsvorschriften für den Bürger grundsätzlich keine direkten Rechte und Pflichten und sind gerichtlich nur sehr eingeschränkt überprüfbar. Da sie aber verbindliches **Innenrecht** der öffentlichen Verwaltung darstellen, also innerhalb der Verwaltung beachtet werden müssen, können sie im weitesten Sinne zu den Rechtsquellen des Verwaltungsrechts gezählt werden.

▪ Verwaltungsvorschriften = reines Innenrecht der Verwaltung und somit keine Rechtsnorm. ▪

Verwaltungsvorschriften lassen sich in zwei Typen einteilen, und zwar in Vorschriften mit

- organisatorischem Inhalt und
- verhaltenslenkendem Inhalt.

Verwaltungsvorschriften mit verhaltenslenkendem Inhalt können für den Bürger eine mittelbare Außenwirkung entfalten, je nachdem ob es sich handelt um

- normkonkretisierende/norminterpretierende Verwaltungsvorschriften
- ermessenslenkende Verwaltungsvorschriften.

Normkonkretisierende/norminterpretierende Verwaltungsvorschriften

Norminterpretierende Verwaltungsvorschriften sollen unbestimmte Rechtsbegriffe in gesetzlichen Tatbeständen klären und so die Anwendung im Einzelfall handhabbar machen. Als bloße Auslegungsrichtlinie haben diese Verwaltungsvorschriften keine Außenwirkung.

Normkonkretisierende Verwaltungsvorschriften sind eine Begriffsschöpfung, die aus dem Umweltrecht bzw. technischen Sicherheitsrecht stammt.

Beispiel: Die TA-Luft ist eine Verwaltungsvorschrift nach § 48 BImSchG, die Schädlichkeitsgrenzwerte festlegt.

Normkonkretisierende Verwaltungsvorschriften erfüllen den gleichen Zweck wie norminterpretierende Verwaltungsvorschriften und lassen sich schon vom Wortsinn her nicht unterscheiden. Der Begriff wird nur deshalb beibehalten, weil hierzu die Frage nach einer Bindungswirkung im Außenverhältnis in der Rechtsprechung des BVerwG eine bemerkenswerte Wendung genommen hat. So hat das BVerwG im Voerde-Urteil (BVerwGE 55, 250 ff.) noch die Auffassung vertreten, dass es sich bei der TA-Luft praktisch um ein antizipiertes Sachverständigengutachten handele. Dementsprechend sei eine Außenwirkung nicht gegeben. Mit dem Wyhl-Urteil hat das BVerwG (BVerwGE 72, 300 ff.) seine Rechtsprechung geändert und die normkonkretisierende Verwaltungsvorschrift als neuen Typ von Verwaltungsvorschriften erfunden. Die normkonkretisierende Verwaltungsvorschrift solle Außenwirkung haben.

Ermessenslenkende Verwaltungsvorschriften

Ermessenslenkende Verwaltungsvorschriften regeln, wie das Ermessen der Behörde auf der Rechtsfolgenseite gebraucht werden soll. Genau genommen handelt es sich dabei um Einschränkungen des Ermessens.

Ermessenslenkende Verwaltungsvorschriften können für den Bürger eine **mittelbare Außenwirkung** dadurch entfalten, dass es der Verwaltung nach dem Gleichbehandlungsgrundsatz (Art. 3 Abs. 1 GG) verboten ist, von ihrer ständigen Praxis bei Ermessensentscheidungen ohne sachlichen Grund abzuweichen. Die Verwaltung ist verpflichtet, in gleichgelagerten Fällen gleich zu entscheiden, sog. Selbstbindung der Verwaltung. Umgekehrt gibt es keinen Anspruch auf Gleichheit im Unrecht bzw. keinen Anspruch auf Fehlerwiederholung.

Beispiel: Aufgrund einer rechtswidrigen Subventionsrichtlinie wird einem Unternehmen eine Subvention gewährt. Andere Unternehmen, die nach der Subventionsrichtlinie ebenfalls eine Leistung beanspruchen könnten, können sich nicht auf Gleichbehandlung berufen.

Ermessenslenkende Verwaltungsvorschriften haben für den Bürger aber nur insoweit Bedeutung, als sie ein **Indiz** für die zu berücksichtigende Verwaltungspraxis sind. Entscheidend für die Selbstbindung der Verwaltung ist daher nicht die Verwaltungsvorschrift, sondern die **tatsächliche Verwaltungspraxis** i. V. m. dem Gleichbehandlungsgrundsatz.

Sonderfall: Richterrecht

Grundsätzlich sind Urteile keine Rechtsquellen, da es ihnen an der Allgemeinverbindlichkeit fehlt. Urteile binden nur die Parteien. Auch das sog. „Richterrecht“ (= ständig angewandte Grundsätze der Rechtsprechung) ist keine Rechtsquelle.

Ausnahmsweise haben gerichtliche Entscheidungen doch Gesetzeskraft: Nach § 31 BVerfGG haben Entscheidungen des Bundesverfassungsgerichts (BVerfG) im Normenkontrollverfahren sowie Entscheidungen über Verfassungsbeschwerden die Qualität von Gesetzen. Dasselbe gilt für Entscheidungen des Oberverwaltungsgerichts (OVG) bei Normkontrollverfahren nach § 47 Abs. 5 VwGO.

- Lesen Sie § 31 BVerfGG und § 47 Abs. 5 VwGO!

1.2.3 Gemeinschaftsrecht

Gemeinschaftsrecht

Primäres Gemeinschaftsrecht	Sekundäres Gemeinschaftsrecht
Gründungsverträge der Europäischen Gemeinschaften und deren Veränderungen (künftig: Verfassung der Europäischen Union)	▪ EG-Verordnungen ▪ EG-Richtlinien ▪ Empfehlungen/ Stellungnahmen ▪ Entscheidungen

Primäres Gemeinschaftsrecht umfasst die Verträge der Gemeinschaften (EGV und EAGV) sowie die allgemeinen Rechtsgrundsätze des Gemeinschaftsrechts. Primäres Gemeinschaftsrecht hat unmittelbare Wirkung, d.h. es berechtigt und verpflichtet auch die Rechtssubjekte der einzelnen Mitgliedsstaaten.

Sekundäres Gemeinschaftsrecht setzt sich zusammen aus:

- **EG-Verordnungen** im Sinne von Art. 249 Abs.2 EGV gelten unmittelbar und bedürfen keiner Umsetzung in nationales Rechts. Sie sind von der Verwaltung unmittelbar anzuwenden. In der Regel gibt es jedoch Ausführungsgesetze.

  Beispiel: Zur EG-Umwelt-Audit-Verordnung (sog. EMAS) wurde das Umwelt-Audit-Gesetz erlassen.

- **EG-Richtlinien** nach Art. 249 Abs.3 EGV gelten grundsätzlich nicht unmittelbar. Sie bedürfen der Transformation in nationales Recht. Ausnahmsweise können sie unmittelbar anzuwenden sein, wenn folgende Voraussetzungen erfüllt sind (BVerfGE 75, 223, 235 ff.):
  - Der nationale Gesetzgeber hat die Umsetzungsfrist versäumt oder ist hinter den Zielen der Richtlinie zurückgeblieben.
  - Die Richtlinie räumt dem Bürger einen Rechtsanspruch ein.
  - Die Richtlinie ist inhaltlich unbedingt und bestimmt.

- **Empfehlungen** und **Stellungnahmen** haben keine direkte Rechtsverbindlichkeit. Sie geben lediglich Auffassungen zu bestimmten Fragen wieder. Sie können aber politisch von Bedeutung sein, da sie die offizielle Meinung der EG-Organe wiedergeben.
- **Entscheidungen** entsprechen dem Verwaltungsakt des innerstaatlichen Rechts und betreffen nur Einzelfälle. Sie sind nur an den Adressaten gerichtet.

1.2.4 Völkerrecht

Völkerrecht ist nicht Bestandteil der innerstaatlichen Rechtsordnung. Es steht selbstständig und bindet nur Staaten und Organisationen, nicht aber den Bürger der beteiligten Staaten selbst (sog. dualistische Theorie). Die Bindung des Bürgers entsteht erst, wenn das Völkerrecht durch Transformationsakt zum Teil der innerstaatlichen Rechtsordnung wird. (vgl. Art. 59 Abs. 2 GG)

In der Normenhierarchie nimmt das Völkerrecht den Rang ein, den es durch die Transformation bekommen hat.

Beispiel: Bei der Transformation von Völkerrecht durch Bundesgesetz nimmt das Völkerrecht den Rang eines Bundesgesetzes ein.

1.2.5 Rangordnung

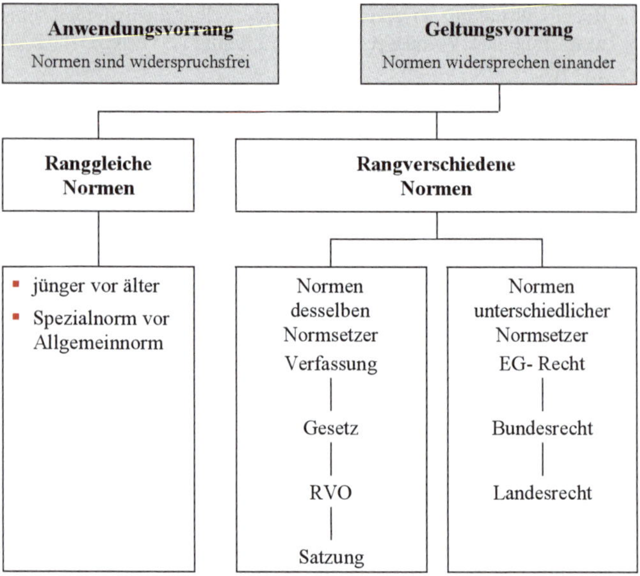

Strikt zu trennen sind die beiden Begriffe:

Anwendungsvorrang – Geltungsvorrang

Anwendungsvorrang hat grundsätzlich die rangniedrigste Vorschrift, wenn die Sachfrage widerspruchsfrei geregelt ist. Die rangniedrigste Vorschrift regelt die Sachfrage meistens am konkretesten und ausführlichsten.

Der **Geltungsvorrang** ist bei sich inhaltlich widersprechenden Normen zu klären.

Bitte unterscheiden Sie beim Geltungsvorrang zwei Problemkreise:

- Ranggleiche Normen
  Bei sich widersprechenden ranggleichen Normen gilt:
  - Vorrang des jüngeren Rechts vor dem älteren
  - Spezialnorm vor Allgemeinnorm.

- Rangverschiedene Normen
  Bei rangverschiedenen Normen ist zu differenzieren zwischen rangverschiedenen Normen desselben Normsetzers und rangverschiedenen Normen unterschiedlicher Normsetzer.

Rangfolge bei Normen desselben Normsetzers

- Regel: Vorrang des höherrangigen Rechts

Das ranghöhere Recht geht dem rangniedrigeren Recht vor. Das widersprechende rangniedrigere Recht ist nichtig. Daraus ergibt sich die Ihnen schon aus der Rechtsquellenlehre bekannte Hierarchie:

- Verfassung – Gesetz – Rechtsverordnung – Satzung

Rangfolge bei Normen verschiedener Normsetzer

Es sind folgende Normsetzer und ihre Verhältnisse zueinander zu unterscheiden: Europäische Union – Bund – Länder

Verhältnis Bundesrecht zu Landesrecht: Bundesrecht jeglicher Rangstufe geht dem Landesrecht vor, Art. 31 GG.

- Lesen Sie Art. 31 GG!

Verhältnis EG-Recht zu nationalem Recht: Rechtsquellen der EG, die unmittelbar im Mitgliedsstaat gelten, haben einen Anwendungsvorrang gegenüber nationalem Recht. Die nationale Rechtsquelle, die der gemeinschaftsrechtlichen Regelung widerspricht, ist in diesem Fall unanwendbar, aber nicht nichtig. Wichtige Entscheidungen des BVerfG zu dieser Frage sind: Solange I (BVerfGE 37, 271), Solange II (BVerfGE 37, 339) und das Maastricht - Urteil (BVerfGE 89, 155).

Zusammenfassend ergibt sich folgende Normenhierarchie:

* jPöffR = juristische Person de öffentlichen Rechts

Gewohnheitsrecht kann auf allen Rangebenen mit Ausnahme der Rechtsverordnung vorkommen. Entsprechend der jeweiligen Rangzuordnung bestimmt sich bei Widersprüchen auch der Vorrang.

1.2.6 Exkurs: Zuordnung der Rechtsquelle zum Bundesrecht bzw. Landesrecht

Um ein Rechtsquelle in die Normenhierarchie einordnen zu können, müssen Sie zunächst wissen, ob es sich um eine Rechtsquelle des Bundes oder des Landes handelt.

Formelle Gesetze, die vom Bundestag erlassen werden, sind dem Bundesrecht zuzuordnen, die von den Landtagen erlassenen dem Landesrecht. Die Gesetzgebungskompetenz ergibt sich aus den Art. 70 ff GG.

- Lesen Sie die Art. 70 ff. GG!

Bestimmte Bereiche der Verwaltung werden sowohl bundesrechtlich als auch landesrechtlich geregelt z. B. das Baurecht.

Von einer **Gemengelage** spricht man, wenn durch den Bund Rahmengesetze nach Art. 75 GG erlassen werden, die der näheren Ausführung durch Landesrecht bedürfen, z. B. im Beamtenrecht.

Rechtsverordnungen, die von Bundesorganen aufgrund bundesgesetzlicher Ermächtigung erlassen werden, sind Bundesrecht. Spiegelbildlich ist es im Landesrecht.

Rechtsverordnungen, die aufgrund bundesgesetzlicher Ermächtigung von Landesorganen erlassen worden sind, sind dem Landesrecht zuzuordnen. Es wird auf das erlassende Organ und nicht auf den Gesetzgeber der Ermächtigung abgestellt.

Satzungen sind entsprechend der satzungsgebenden Institution zu bewerten. Diese ist entweder dem Bund oder einem Land zuzurechnen.

Beim Gewohnheitsrecht kommt es darauf an, ob ...

- ein Bereich „geregelt" wird, der in die Gesetzgebungskompetenz des Bundes oder der Länder fällt.
- das Gewohnheitsrecht im gesamten Bundesgebiet oder nur in einem oder mehreren Bundesländern gilt.
- Bundes- oder Landesrecht durch das Gewohnheitsrecht ergänzt wird.

2 Öffentliche Verwaltung

2.1 Begriff

Eine Legaldefinition der „öffentlichen Verwaltung" finden Sie nirgendwo. Die Stellung der Verwaltung im System der Staatsgewalten erfasst man am Besten mit einer „Mathematikaufgabe":

▪ Staatsgewalt minus Legislative minus Judikative minus Regierungstätigkeit = öffentliche Verwaltung ▪

Was die Verwaltung inhaltlich tut, ist komplex und vielschichtig und soll hier in Anlehnung an Maurer (Allgemeines Verwaltungsrecht, 15. Auflage 2004) angedeutet werden.

Verwaltung ist Sozialgestaltung, die
- am öffentlichen Interesse orientiert ist.
- aus gesetzlicher und eigener Initiative erfolgt.
- in die Zukunft gerichtet ist.
- überwiegend am Einzellfall orientiert ist.

2.2 Träger

2.2.1 Allgemeines

Es gibt eine Vielzahl von Trägern der öffentlichen Verwaltung. Verwaltungsträger kann nur sein, wer rechtsfähig ist. Rechtsfähig ist, wer Zuordnungssubjekt von Rechtsnormen und damit Träger von Rechten und Pflichten ist. Dies trifft grundsätzlich auf alle natürlichen Personen zu. Handelt es sich um Personenvereinigungen oder eine sonstige Organisation, so kann ihnen die Rechtsfähigkeit nur durch die Rechtsordnung zuerkannt werden. Man spricht dann von juristischen Personen. Wird die Rechtsfähigkeit durch privates Recht zuerkannt, spricht man von juristischen Personen des Privatrechts. Ist die Rechtsfähigkeit durch öffentliches Recht zuerkannt worden, so handelt es sich um juristische Personen des öffentlichen Rechts. Juristische Personen des öffentlichen Rechts sind Anstalten, Stiftungen und Körperschaften sowie der Staat (Bund und Länder).

Besitzt eine Organisation nur Teilrechtsfähigkeit, so heißt dies, dass ihr nur für bestimmte Bereiche Rechte und Pflichten zugesprochen werden. Die Rechtsfähigkeit beschränkt sich auf diese Rechte.

Merke: Verwaltungsträger müssen rechtsfähig sein. Rechtsfähig ist, wer Zuordnungssubjekt von Rechtsnormen und damit Träger von Rechten und Pflichten ist.

Verwaltungsträger im Überblick sind:

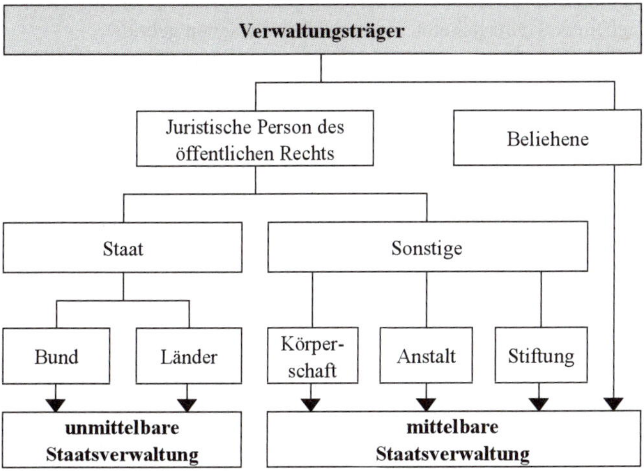

Staat

Der Staat ist der oberste Verwaltungsträger, da er seine Befugnisse von keiner anderen Instanz ableitet. Nach unserer Verfassungsordnung haben sowohl der Bund als auch die Länder Staatsqualität. Staatsverwaltung ist demnach teils Bundes-, teils Landesverwaltung.

Körperschaften des öffentlichen Rechts

Körperschaften des öffentlichen Rechts sind durch staatlichen Hoheitsakt, d. h. durch Gesetz oder aufgrund eines Gesetzes geschaffene Verwaltungseinheiten. Sie sind mitgliedschaftlich organisiert

und nehmen öffentliche Aufgaben mit hoheitlichen Mitteln wahr. Sie sind vom Wechsel der Mitglieder unabhängig.
Es werden folgende Körperschaften unterschieden:

- Gebietskörperschaft
- Personalkörperschaft
- Realkörperschaft
- Verbandskörperschaft

Gebietskörperschaften

Gebietskörperschaften werden aus den dauernd in einem Gebiet „lebenden“ natürlichen und juristischen Personen gebildet.

Beispiele: Bund, Länder, Gemeinden und Kreise. Als deutscher Staatsbürger sind Sie Mitglied in drei Körperschaften: Sie sind Mitglied der Gemeinde und des Bundeslandes in der/dem Sie leben und der Bundesrepublik Deutschland.

Die Gebietskörperschaften sind Träger fast aller Verwaltungsaufgaben und somit die bedeutendste Gruppe der Körperschaften. Die Aufgabenverteilung (Kompetenzverteilung) untereinander regeln die Art. 83 ff. GG.

- Lesen Sie Art. 83 ff. GG!

Grundsätzlich sind die Länder allein für den Vollzug von Landes- und Bundesrecht zuständig, Art. 83 f. GG. Da die Länder Bundesgesetze als eigene Angelegenheit vollziehen, hat der Bund in diesem Bereich nur eine eingeschränkte Rechtsaufsicht. **Rechtsaufsicht** heißt, dass nur die Rechtmäßigkeit des Vollzuges, nicht auch dessen Zweckmäßigkeit, überprüft werden darf. Ferner fehlt es an einem Weisungsrecht.

Vom Grundsatz des ländereigenen Vollzugs gibt es folgende Ausnahmen:

- **Bundesauftragsverwaltung**, Art.85 GG
  Die Länder vollziehen die Bundesgesetze im Auftrag des Bundes. Die Länder unterliegen der **Fachaufsicht** des Bundes. Das heißt, dass der Bund die Recht- und Zweckmäßigkeit des Vollzuges prüfen darf. Ferner kann er Weisungen erteilen.

- **Bundeseigene Verwaltung,** Art. 86 GG
  Der Bund führt den Vollzug der Bundesgesetze mit eigenen Behörden oder bundesunmittelbaren Körperschaften durch, z. B. Bundeswehrverwaltung, Auswärtiger Dienst.
- **Gemeinschaftsaufgaben,** Art. 91a und Art. 91b GG
  Bei Gemeinschaftsaufgaben wie z. B. dem Hochschulausbau werden die Gesetze sowohl vom Bund als auch von den Ländern vollzogen.

Personalkörperschaften

Mitglied in einer Personalkörperschaft wird man durch persönliche Eigenschaft oder berufliche Qualifikation.

Beispiele: Ärzte-, Apotheker-, Handwerks- und Rechtsanwaltskammern, Bundesversicherungsanstalt für Angestellte, Krankenkassen.

Realkörperschaften

Die Mitgliedschaft in einer Realkörperschaft entsteht durch Eigentum an einer Liegenschaft (z. B. Grundstück, Wasserlauf) oder durch den Sitz eines Betriebes.

Beispiele: Deichverbände, Jagdgenossenschaften, Industrie und Handelskammern.

Verbandskörperschaften

Die Mitglieder in Verbandskörperschaften sind selbst juristische Personen. Sie haben sich (freiwillig oder gesetzlich vorgeschrieben) zusammengeschlossen, um einzelne Verwaltungsaufgaben gemeinsam zu erfüllen.

Beispiele: Kommunale Zweckverbände wie z. B. Wasserverbände, Bundesrechtsanwaltskammer.

- **Merke:** Körperschaften haben Mitglieder!

Anstalten des öffentlichen Rechts

Eine Anstalt ist ein organisatorisch verselbstständigter Bestand an sachlichen Mitteln und Verwaltungsbediensteten. Dieser wird für

eine bestimmte Verwaltungsaufgabe, i. d. R. sind dies Leistungen, dem Bürger als Benutzer zur Verfügung gestellt.
Es werden rechtsfähige und nichtrechtsfähige Anstalten unterschieden.
Die **rechtsfähige (selbstständige) Anstalt** ist selbst Verwaltungsträger und rechtlich selbstständig.

Beispiele: öffentlich-rechtliche Rundfunkanstalten, Kreis- und Stadtsparkassen, Zentralstelle für die Vergabe von Studienplätzen.

Die **nichtrechtsfähige (unselbstständige) Anstalt** ist Teil eines anderen Verwaltungsträgers. Sie ist organisatorisch, aber nicht rechtlich selbstständig.

Beispiele: Schulen, Friedhöfe, Museen

Merke: Anstalten haben Benutzer!

Stiftungen des öffentlichen Rechts

Eine Stiftung des öffentlichen Rechts ist eine durch oder aufgrund eines Gesetzes errichtete rechtsfähige Organisation. Sie verfolgt den Zweck, einen öffentlichen Vermögensbestand zu verwalten. Der Zweck wird durch den Stifter festgelegt, der ihr auch das Vermögen übertragen hat. Stifter ist ein außerhalb der Stiftung stehender Dritter.

Stiftungen unterscheiden sich von Körperschaften und Anstalten dadurch, dass sie weder Mitglieder noch Benutzer, sondern Destinatäre haben. Das sind Nutznießer, die aber grundsätzlich kein Recht auf Leistungen der Stiftungen haben.

Die Organisation der Stiftung wird in ihrer Satzung geregelt. Aus dieser ergibt sich insbesondere auch, welche Organe befugt sind, für die Stiftung zu handeln.

Merke: Stiftungen sind Geld- und Sachmittel für einen bestimmten Zweck.

Beliehene

Ein Beliehener ist eine natürliche oder juristische Person des Privatrechts, dem die Wahrnehmung von Verwaltungsaufgaben übertragen worden ist. Beliehene sind selbstständig und handeln in eigenem Namen. Hoheitsrechte dürfen ihnen auch in diesem Fall nur durch oder aufgrund eines Gesetzes übertragen werden. Die Ermächtigung zum hoheitlichen Handeln setzt den Rahmen, in dem der Beliehene eigenständiger Verwaltungsträger ist. Darüber hinaus bleibt er Privatrechtssubjekt.

Beispiele: Flug- und Schiffskapitäne, Notare, Schornsteinfeger für Immissionsmessungen, TÜV für Hauptuntersuchungen, Deutsche Akkreditierungs- und Zulassungsstelle für Umweltgutachter GmbH (DAU), staatliche anerkannte Privatschulen.

Innenverhältnis

Durch die Beleihung entsteht zwischen dem Beliehenen und der beleihenden Behörde ein öffentlich-rechtliches Auftragsverhältnis. Dieses Verhältnis wird durch das Ermächtigungsgesetz und den Beleihungsakt geregelt, u. a. werden Art und Umfang der Staatsaufsicht festgelegt, aber auch evtl. finanzielle Erstattungsansprüche des Beliehenen.

Außenverhältnis

Gegenüber dem Bürger tritt der Beliehene als selbstständiger Hoheitsträger auf. Der Beliehene ist **Behörde** i. S. des § 1 Abs. 4 VwVfG und damit selbst Beteiligter des Verwaltungsverhältnisses. Er ist im Rahmen seiner Kompetenzen befugt, jegliche hoheitliche Maßnahme zu treffen, z. B. auch Verwaltungsakte zu erlassen oder Gebühren zu erheben.

Widerspruchsbehörde bei Widersprüchen gegen Maßnahmen eines Beliehenen soll nach einer Ansicht die Aufsichtsbehörde sein, § 73 Abs. 1 Nr. 1 und 2 VwGO. Vorzuziehen ist allerdings die Meinung, die für eine analoge Anwendung des § 73 Abs. 1 Nr. 3 ist. Denn die Stellung eines Beliehenen ist mit der eines Selbstverwaltungsträgers vergleichbar. Dies trifft zumindest in den Fällen zu, in denen die staatliche Aufsicht nur die Rechtmäßigkeit, nicht aber auch die Zweckmäßigkeit einer Maßnahme des Beliehenen überprüfen darf (Rechtsaufsicht).

Klagen aus dem bestehenden Verwaltungsrechtsverhältnis sind gegen den Beliehenen selbst zu richten, § 78 Nr. 1 VwGO.

Anspruchsgegner für **Schadensersatzansprüche aus § 839 Abs. 1 BGB i. V. m. Art. 34 GG** ist dagegen der beleihende Verwaltungsträger. Dem Gläubiger soll so ein solventer Schuldner gewährleistet werden. Dies ist zwar systemwidrig, entspricht aber dem Normzweck des Art. 34 GG (BGHZ 49, 108).

Abgrenzung zum Verwaltungshelfer

Die Verwaltung bedient sich auch in anderen Situationen der Hilfe von Privaten, ohne dass diese gleich hoheitliche Befugnisse übertragen bekommen. Als wichtigster Fall soll hier der Verwaltungshelfer und seine Abgrenzung zum Beliehenen dargestellt werden.

Merke: Die Abgrenzung, ob ein Privater selbst hoheitlich gehandelt hat oder lediglich ein „Handlanger" eines Verwaltungsträges war, thematisieren Sie in den allermeisten Fällen bei der Prüfung des „Verwaltungsakts" und dort beim Merkmal „Behörde". Es kann aber auch schon bei der Eröffnung des Verwaltungsrechtswegs, § 40 Abs. 1 VwGO von Bedeutung sein.

Der Verwaltungshelfer ist selbst **kein** Verwaltungsträger und wird nicht hoheitlich tätig. Er hilft einem Verwaltungsträger bei der Wahrnehmung von dessen Aufgaben. Er ist sozusagen dessen verlängerter Arm. Seine Handlungen werden dem Verwaltungsträger, dem er Hilfe leistet, zugerechnet. D. h., verklagt wird der Verwaltungsträger, der um Hilfe nachgesucht hat und nicht der Verwaltungshelfer.

Beispiel: Verwaltungshelfer ist das Abschleppunternehmen, das von der Polizei beauftragt wird, einen falsch geparkten PKW zu entfernen und auf einen Verwahrplatz zu verbringen.

2.2.2 Interne Organisation

Verwaltungsträger sind mit Ausnahme des Beliehenen juristische Personen des öffentlichen Rechts. Damit besitzen sie zwar die Rechtsfähigkeit, es fehlt ihnen aber die Handlungsfähigkeit. Die Verwaltungsträger werden erst durch ihre Organe handlungsfähig.

Für diese handeln wiederum natürliche Personen, die sog. Organwalter.

Organe

■ Organe sind rechtlich geschaffene Einrichtungen eines Verwaltungsträgers, die dessen Aufgaben (Zuständigkeiten) wahrnehmen. ■

Die Aufgaben oder Zuständigkeiten, die einem Verwaltungsträger durch oder aufgrund von Gesetzen übertragen worden sind, werden wiederum durch Gesetz, Rechtsverordnung, Satzung, Verwaltungsvorschrift oder Geschäftsordnung auf seine Organe verteilt. Jedes Organ ist für einen bestimmten Aufgabenbereich zuständig. Da das Organ Aufgaben des Verwaltungsträgers wahrnimmt und nicht eigene, berechtigt und verpflichtet es den Verwaltungsträger. Die Funktion von Organen kann darauf reduziert werden, dass sie durch die Zurechnung der Handlungen ihrer Organwalter die Verwaltungsträger handlungsfähig machen

Unterfall Behörde

Behörden sind begrifflich ein Unterfall des Organs.
Der Begriff Behörde kann in zweierlei Weise definiert werden. Eine Definition orientiert sich an der organisatorischen Einordnung der Behörde der andere an der funktionellen.
Nach der organisatorischen oder **formellen Definition** ist Behörde jedes Organ eines Verwaltungsträgers, das hoheitliche Aufgaben wahrnimmt und gegenüber dem Bürger in Erscheinung tritt.
Die funktionale oder **materielle Definition** ist die, der das Verwaltungsverfahrensgesetz mit seiner Legaldefinition in **§ 1 Abs. 4 VwVfG** folgt. Danach ist Behörde jede Stelle, die Aufgaben der öffentlichen Verwaltung wahrnimmt, egal ob sie organisatorisch einem Verwaltungsträger zugeordnet ist. Nach dieser Definition fallen also auch die Beliehenen unter den Begriff der Behörde. Dies ist auch der Behördenbegriff, der in den allermeisten Gesetzen und im allgemeinen Sprachgebrauch zugrunde gelegt wird.

■ **Merke:** Behörden haben keine Rechte, sondern Kompetenzen. ■

Die kleinste organisatorische Einheit einer Behörde ist in der Regel das **Amt**. Mitunter werden Amt und Behörde synomym gebraucht wie z. B. Finanzamt, das eigentlich Finanzbehörde heißen müsste. In diesen Fällen ist immer „Behörde" gemeint. Ein Amt ist nämlich der auf eine Person zugeschnittene Aufgabenbereich. Im Verhältnis Bürger/Verwaltung spielt das Amt keine Rolle. Es ist nur für die verwaltungsinterne Organisation von Bedeutung.

Organwalter und Amtswalter

■ Organ- oder Amtswalter sind natürliche Personen, die diejenigen Aufgaben wahrnehmen, die den Organen bzw. dem Amt zugewiesen sind. ■

Die Definition besagt nichts anderes, als dass die natürlichen Personen diejenigen sind, die handeln. Sie erledigen die Aufgaben für das Organ bzw. Amt. Sie treten nach außen im Namen des Organs bzw. Verwaltungsträgers in Erscheinung. Sie nehmen die rechtlich relevanten Handlungen vor, die dann den Organen und damit den Verwaltungsträgern zugerechnet werden.

2.2.3 Unmittelbare und mittelbare Staatsverwaltung

Unmittelbare Staatsverwaltung

Bei der unmittelbaren Staatsverwaltung handelt der Staat durch eigene Behörden. Sind dies Landesbehörden, so liegt unmittelbare Landesverwaltung vor. Bei Bundesbehörden spricht man von unmittelbarer Bundesverwaltung.

Ist sie mehrstufig ausgestaltet, so ist der Aufbau der Behörden streng hierarchisch. Das heißt, dass die jeweils höhere Behörde gegenüber den nachgeordneten Behörden sowohl die Rechts- als auch die Fachaufsicht ausübt. (Zu den Begriffen siehe oben unter „2.2.2 Allgemeines, Gebietskörperschaften").

Mittelbare Staatsverwaltung

Mittelbare Staatsverwaltung liegt vor, wenn sich der Staat rechtlich selbstständiger Verwaltungsträger wie Körperschaften, Anstalten, Stiftungen des öffentlichen Rechts oder Beliehener, bedient.

2.2.4 Verwaltungsaufbau

Der Verwaltungsaufbau ist grundsätzlich mehrstufig ausgestaltet.

Bund

Für die allgemeine Verwaltung sind grundsätzlich die Länder zuständig, Art. 30 und Art 83 – 85 GG (siehe oben unter Gebietskörperschaft). Der Bund hat nur beschränkte Verwaltungskompetenzen, für die ihm das Grundgesetz den Aufbau eines mehrstufigen Verwaltungsaufbaus ausdrücklich erlaubt.

■ Lesen Sie Art: 86, 87 Abs. 1, Abs.3 2, 87b, 87d, 87e Abs. 1 S. 1., 87f Abs. 2 S. 2 und 89 GG! ■

Grundsätzlich ist der Aufbau dreistufig: Oberste, mittlere und untere Bundesbehörden.

Oberste Bundesbehörde

Oberste Bundesbehörden sind Verwaltungsbehörden, die für das gesamte Bundesgebiet zuständig sind und die in keinem Weisungsverhältnis zu einer anderen Bundesbehörde stehen.

Beispiele: Bundesregierung, Bundeskanzler und Bundesminister, Bundesverfassungsgericht, Bundesrechnungshof und Bundesbank.

Oberste Bundesbehörden sind nicht identisch mit den **Bundesoberbehörden**. Bundesoberbehörden sind aus den Ministerien ausgegliederte und selbstständige Behörden. Sie sind einer obersten Bundesbehörde unmittelbar zugeordnet, d.h. weisungsgebunden, für das gesamte Bundesgebiet zuständig und haben keinen eigenen Verwaltungsunterbau.

Beispiele: Bundeskriminalamt, Bundeskartellamt, Statistisches Bundesamt, Kraftfahrt-Bundesamt.

Mittlere Bundesbehörde

Mittlere Bundesbehörden sind die Behörden, die einer obersten Bundesbehörde nachgeordnet sind. Sie haben einen räumlich und fachlich beschränkten Zuständigkeitsbereich.

Beispiele: Botschaften, Oberfinanzdirektionen, Wasser- und Schifffahrtsdirektionen, Wehrbereichsverwaltung.

Untere Bundesbehörde

Untere Bundesbehörden sind einer mittleren Bundesbehörde unterstellt und haben einen engeren örtlichen Zuständigkeitsbereich als die mittleren Bundesbehörden.

Beispiele: Konsulaten, Hauptzollämter, Wasser- und Schifffahrtsämter, Kreiswehrersatzämter.

Länder

Aufgaben der Landesverwaltung gliedern sich in drei große Bereiche (siehe bereits oben unter Gebietskörperschaften):

- Bundesaufsichtsverwaltung, Art. 84 GG
- Bundesauftragsverwaltung, Art. 85
- ursprüngliche Landesverwaltung, Art.30 GG

Grundsätzlich ist auch die allgemeine Verwaltung der Länder dreistufig aufgebaut. Sie ist der der Bundesverwaltung ähnlich. Den obersten Landesbehörden sind die Mittelbehörden und die Unterbehörden nachgeordnet.

Oberste Landesbehörden

Oberste Landesbehörden sind der Ministerpräsident, die Landesregierung, die Landesminister und die Landesrechnungshöfe.
Auch in den Ländern gibt es Oberbehörden für besondere Verwaltungsbereiche, die aus den obersten Verwaltungsbehörden ausgegliedert sind, diesen aber unterstehen.

Beispiele: Landeskriminalamt und Landesamt für Verfassungsschutz

Mittlere Landesbehörden

Die mittleren Landesbehörden sind den obersten Landesbehörden nachgeordnet. Ihre Zuständigkeit ist auf einen regional begrenzten Teil des Landesgebietes begrenzt. Diese Besonderheit bringt es mit sich, dass es mittlere Landesbehörden grundsätzlich nur in Flächenstaaten gibt. Die Länder Brandenburg, Mecklenburg-Vorpommern, Schleswig-Holstein, Saarland und Niedersachsen haben keine mittleren Landesbehörden. In den Stadtstaaten fehlt die Mittelstufe ebenfalls.

Beispiele: Regierungspräsidenten oder Bezirksregierungen

Untere Landesbehörden

Die unteren Landesbehörden sind den mittleren Landesbehörden nachgeordnet. Sie sind für einen eng begrenzten Teil des Landesgebietes zuständig. In den Fällen, in denen die Mittelstufe fehlt, sind die unteren Landesbehörden den obersten Landesbehörden unterstellt. Die Behörden auf dieser Stufe sind die Behörden der Landkreise und der kreisfreien Städte. Je nach Kommunalverfassung gibt es zwei Modelle, wie Länderverwaltungsaufgaben von den Behörden der Kommunen wahrgenommen werden:

- Kreisbehörde als **reine** Kommunalbehörde. Die Aufgaben als untere Landesbehörde werden nach Weisung oder als Auftragsangelegenheiten (sog. Organleihe) wahrgenommen.
- **Doppelfunktion** der Kommunalbehörde. Dazu kommt es, da auch Landes- und nicht nur Kommunalbedienstete den Kreisbehörden angehören.

2.3 Arten

Da Verwaltung schwer zu definieren ist, haben sich in der verwaltungsrechtlichen Praxis unterschiedliche Abgrenzungsmethoden herausgebildet. Neben der gerade vorgestellten Abgrenzung nach dem Verwaltungsträger gibt es noch die Abgrenzungen nach der Zwecksetzung des Verwaltungshandelns und nach der Rechtsform des Verwaltungshandelns.

2.3.1 Zwecksetzung

Die Aufgaben der Verwaltung haben mit dem Wandel zum sozialen Rechtstaat stark zugenommen. Neben klassischen Ordnungsaufgaben gibt es heute auch Versorgungsaufgaben, insbesondere die Daseinsvorsorge (Gas, Wasser, Strom, Infrastruktur, Kultur). In den letzten Jahren zieht sich der Staat allerdings wieder auf Kernaufgaben zurück und überlässt die Infrastruktur weitgehend Privaten (Post, Bahn, zum Teil auch Straßen). Aufgaben sind:

- **Ordnungsverwaltung** = Aufrechterhaltung der öffentlichen Sicherheit und Ordnung durch Abwehr drohender Gefahren (z. B. Regelung des Straßenverkehrs, Kontrolle gewerblicher Betätigungen)

- **Leistungsverwaltung**
= Verbesserung und Gewährleistung der Lebensbedingungen der Bürger durch gezielte Unterstützung einzelner (z. B. Sozialhilfe, Studienbeihilfe) oder Bereitstellung öffentlicher Einrichtungen (z. B. Verkehrsbetriebe, Energieversorgung, Entsorgung, Schulen, Theater, Museen).

- **Lenkungsverwaltung**
= Förderung und Steuerung wirtschaftlicher, sozialer oder kultureller Bereiche des öffentlichen Lebens (z. B. Planungsverwaltung durch Raumordnung, Subventionen).

- **Abgabenverwaltung**
= Beschaffung der für den Staat erforderlichen Mittel (z. B. Zölle, Steuern, Gebühren, Beiträge, Sonderabgaben).

- **Bedarfsverwaltung**
= Bereitstellung und Unterhaltung des Personals und der Sachmittel, die für die Ausübung der Verwaltungsaufgaben erforderlich sind.

Ordnungs-, Leistungs-, und Lenkungsverwaltung sind nicht immer klar gegeneinander abzugrenzen. So sind z. B. Subventionen ein Beispiel für Lenkungsverwaltung, in ihren Auswirkungen stellen sie für den Empfänger aber eine Leistung dar.

2.3.2 Rechtsformen

Die Verwaltung hat bei der Erfüllung ihrer Aufgaben die Wahl zwischen öffentlich-rechtlichen und privatrechtlichen Handlungsformen.
Der folgende Überblick ist daran orientiert, ob die Verwaltung mit ihren Aufgaben öffentliche oder private Zwecke verfolgt und welche Rechtsformen ihr in diesem Fall zustehen:

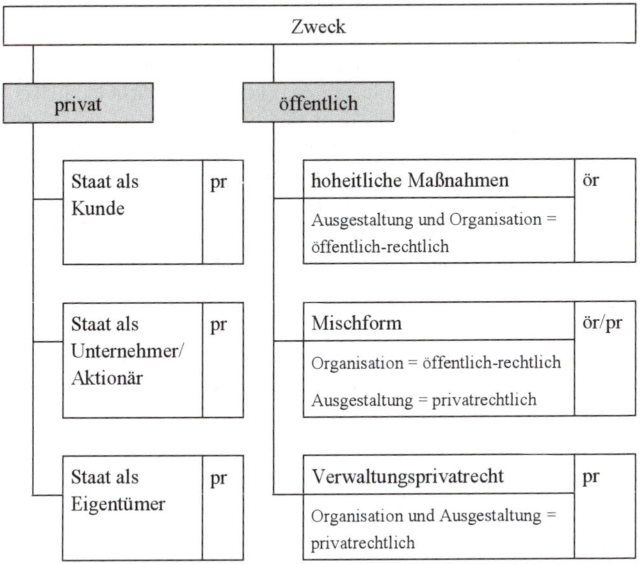

pr = privatrechtliche Rechtsformen
ör = öffentlich-rechtliche Rechtsformen

Im Einzelnen:

Öffentlich-rechtliches Handeln

Hier greift die Verwaltung einseitig durch Gebote, Verbote oder mit Zwangsmitteln verpflichtend oder belastend in die Rechtssphäre der ihr unterworfenen natürlichen und juristischen Personen ein (Eingriffsverwaltung). Ihr Hauptinstrument ist der belastende Verwaltungsakt. Sie kann dem Bürger aber auch Rechte oder sonstige Vorteile gewähren (Leistungsverwaltung). In diesem Fall handelt sie durch begünstigenden Verwaltungsakt.
Der Hoheitsträger muss ferner staatliche Ziele und Grundstrukturen vorbereiten und durchsetzen. Dies tut er mittels des Instruments Plan (z. B. Haushaltsplan, Entwicklungs- und Bedarfspläne, Landschaftspläne, Bebauungspläne).

Privat-rechtliches Handeln

Beim rein fiskalischen Handeln verfolgt die Verwaltung keine unmittelbar öffentlich-rechtlichen Zwecke. Hier herrscht kein Über-Unterordnungsverhältnis, sondern der Staat nimmt als gleichberechtigter Partner mit allen Rechten und Pflichten am Wirtschaftsleben teil. Der Staat unterscheidet sich insoweit nicht von jedem beliebigen Privatmann. Dies bedeutet, dass die Vorschriften des Privatrechts anzuwenden sind und die ordentlichen Gerichte bzw. Arbeitsgerichte zuständig sind. Die Grundrechte gelten nur mittelbar über die privatrechtlichen Generalklauseln der §§ 138, 242, 826 BGB (Stichwort: „Drittwirkung von Grundrechten").

Es gibt drei Erscheinungsformen der fiskalischen Tätigkeit:

- **privatrechtliche (fiskalische) Hilfsgeschäfte**, in denen die Verwaltung als Kunde bzw. Arbeitgeber auftritt. Dies ist z. B. die Beschaffung von Personal- und Sachmitteln.
- **erwerbswirtschaftliche Tätigkeit** der Verwaltung. Hier tritt sie mit Gewinnerzielungsabsicht als Unternehmerin bzw. Aktionärin auf. Sie verfolgt unmittelbar keine öffentlichen Interessen.

  Beispiel: Beteiligung des Landes Niedersachsen am Volkswagenkonzern.

> ■ **Achtung:** Verwechseln Sie die erwerbswirtschaftliche Tätigkeit nicht mit der privatrechtlichen Tätigkeit der Verwaltung, die der Verfolgung öffentlich-rechtlicher Zwecke dient (Verwaltungsprivatrecht – dazu gleich unten). ■

- Verwaltung der Vermögensgegenstände wie Grundstücke, Domänen, Forsten. Die Verwaltung tritt als Eigentümer auf.

Verwaltungsprivatrecht

In begrenztem Umfang hat die Verwaltung die Möglichkeit, unmittelbare Verwaltungsaufgaben in Form des Privatrechts wahrzunehmen, wenn öffentlich-rechtliche Vorschriften fehlen. Dies ist z. B. im Bereich der Daseinsvorsorge und der Subventionen der Fall. Die Verwaltung hat in diesen Fällen ein sog. **„doppeltes Wahlrecht"**:

Das erste Wahlrecht betrifft die **Organisationsform,** die entweder öffentlich-rechtlich oder privatrechtlich sein kann. Entscheidet sich die Verwaltung für eine privatrechtliche Organisationsform, so bleibt ihr als Handlungsform nur das Privatrecht (Verwaltungsprivatrecht). Entscheidet sie sich für die öffentlich-rechtliche Organisationsform, so steht ihr ein zweites Wahlrecht bzgl. des **Benutzungs- und Leistungsverhältnisses** zu. Auch hier kann sie wieder zwischen öffentlich-rechtlicher und privatrechtlicher Handlungsform wählen.

Beispiel: Ein örtliches Nahverkehrsunternehmen kann in Form einer von der Stadt beherrschten AG betrieben werden. Die Beziehungen zwischen der AG und den Benutzern wären dann ausschließlich privatrechtlich zu beurteilen, da es sich bei der AG um eine privatrechtliche Organisationsform handelt. Wenn die Stadt dagegen den Nahverkehr in eigener Regie betreibt (öffentlich-rechtlich), kann sie wählen, ob sie das Verhältnis zwischen ihr und den Benutzern öffentlich-rechtlich oder privatrechtlich ausgestaltet.

Es gibt somit drei denkbare Konstruktionen:

Organisationsform	Handlungsform	Behandlung
öffentlich-rechtlich	öffentlich-rechtlich	öffentlich-rechtlich
privatrechtlich	privatrechtlich	privatrechtlich, aber Bindung an die Grundrechte und allgemeine Verwaltungsgrundsätze (Verwaltungsprivatrecht)
öffentlich-rechtlich	privatrechtlich	Zwei-Stufen-Theorie

Verwaltungsprivatrecht

Im Verwaltungsprivatrecht kann sich die Verwaltung durch die Wahl der Form des Privatrechts nicht den Spielregeln des öffentlichen Rechts entziehen („Keine Flucht ins Privatrecht"). Ihr stehen zwar die Rechtsformen des Privatrechts zu, nicht aber die Privatautonomie. Sie bleibt auch in diesen Fällen gebunden an:

- Grundrechte
- allgemeine Grundsätze des Verwaltungshandelns
- Zuständigkeitsregeln

Für verwaltungsprivatrechtliche Streitigkeiten ist der Zivilrechtsweg eröffnet, und zwar auch dann, wenn der Kläger seinen Anspruch auf das öffentliche Recht (z. B. Art. 3 GG) stützt. Die Zivilgerichte entscheiden über Fragen der öffentlich-rechtlichen Bindung mit. Zusätzlich wandelt sich der kommunalrechtliche Zulassungsanspruch, den der Bürger gegen die Gemeinde hat, in einen Verschaffungsanspruch um. Dies bedeutet, dass die Gemeinde verpflichtet ist, die Zulassung dadurch zu verschaffen, dass sie auf das von ihr beherrschte Unternehmen einwirkt. Für diese Klage ist wiederum der Verwaltungsrechtsweg gegeben (BVerwG NVwZ 1991, 59).

■ **Merke:** Nimmt die Verwaltung unmittelbar öffentliche Aufgaben in privatrechtlicher Form wahr, z. B. AG oder GmbH, so sind die Verträge zwischen dem Bürger und dieser juristischen Person des Privatrechts immer privatrechtlicher Natur. Denn Rechtssubjekte des Privatrechts können nur privatrechtlich handeln. Die Ausnahme des Beliehenen ist hier nicht einschlägig. ■

Zweistufentheorie

Hat sich die Verwaltung für eine Gemengelage aus öffentlich-rechtlicher Organisations- und privatrechtlicher Handlungsform entschieden – dies kommt vor allem im Subventionswesen und bei der Benutzung öffentlicher Einrichtungen (Stadthallen, Schwimmbäder, Kindergärten, etc.) vor – so erfolgt die Beurteilung über die **Zwei-Stufen-Theorie**:

1. Stufe: „OB“ zwischen Verwaltung und Bürger überhaupt eine Rechtsbeziehung begründet wird – sie wird nach öffentlichem Recht beurteilt.

2. Stufe: „WIE“ die Rechtsbeziehung ausgestaltet wird – sie kann privatrechtlich ausgestaltet sein (aber auch öffentlich-rechtlich, s. o. Tabelle).

Im Streitfall führt die Zwei-Stufen-Theorie dazu, dass auf der ersten Stufe, auf der über das „OB“ entschieden wird, der Verwaltungsrechtsweg gegeben ist. Auf der zweiten Stufen, auf der über das „WIE“ entschieden wird, sind die Zivilgerichte zuständig.

Große Schwierigkeiten bereitet die Abgrenzung, ob die Benutzung öffentlicher Anstalten und Einrichtungen nun öffentlich-rechtlich oder doch eher privatrechtlich ausgestaltet ist.

Es ist auf die Zuordnung des gesamten Benutzungsverhältnisses abzustellen. Entscheidend ist nach dem Grundsatz der Wahlfreiheit der Wille des zuständigen Verwaltungsträgers. Dieser ist aus den jeweiligen Umständen zu ermitteln. Folgende Merkmale können auf die eine oder andere Ausgestaltung hindeuten:

	Ausgestaltung	
	öffentlich-rechtlich	privatrechtlich
Benutzungsordnung	Satzung	Allgemeine Geschäftsbedingungen
Auflösung des Rechtsverhältnisses	Widerruf	Kündigung
Entgelt	Gebühr	Nutzungsentgelt
Rechtsbehelfs-belehrung	ja	nein

Abgrenzung zwischen öffentlichem Recht und Zivilrecht

Das öffentliche Recht ist begrifflich vom Privatrecht abzugrenzen. Privatrecht ist der Teil der Rechtsordnung, der die Beziehungen der einzelnen Personen des privaten Rechts untereinander regelt. Kennzeichnend ist die Gleichordnung der Rechtssubjekte. Zum öffentlichen Recht zählt alles, was durch staatliche oder vom Staat abgeleitete Hoheitsgewalt bestimmt ist. Kennzeichnend ist die Unterordnung des Einzelnen unter das Gemeinwesen.

Die idealtypische Unterscheidung, dass öffentliches Recht immer dann vorliegt, wenn ein Über-Unterordnungsverhältnis mit Befehl und Zwang, privates Recht dagegen immer dann gegeben ist, wenn rechtlich gleichgeordnet und durch einvernehmlichen Vertrag gehandelt wird, ist leider nicht immer zutreffend. Auch der Staat nimmt am geschäftlichen Leben teil; andererseits besteht z. B. in Arbeit- und Mietsverhältnissen keine Gleichordnung.

■ **Merke:** Allein die Beteiligung des Staates oder eines anderen Trägers der öffentlichen Verwaltung an einer Rechtsbeziehung reicht nicht aus, um eine Norm als öffentlich- rechtlich einzustufen. ■

Abgrenzungstheorien

Zur Abgrenzung in Problemfällen wurden mehrere Theorien entwickelt. Keine der nachfolgenden Theorien ist für sich allein geeignet, alle Problemfälle zu erfassen. Sie müssen daher in Zweifelsfällen auf eine Kombination dieser Theorien zurückgreifen.

Interessentheorie

▪ Eine Streitigkeit ist öffentlich-rechtlich, wenn die streitentscheidende Norm im Interesse des Gemeinwohls erlassen worden ist. ▪

Schwachstelle: Viele Normen dienen sowohl privaten als auch öffentlichen Interessen. Die Theorie kann nicht die Existenz des subjektiv-öffentlichen Rechts oder das Verwaltungsprivatrecht erklären.

Subordinationstheorie

▪ Eine Streitigkeit ist öffentlich-rechtlich, wenn die zugrunde liegende Norm zu einem Über-Unterordnungs-Verhältnis führt. ▪

Schwachstelle:

- Auch das BGB kennt Subordinationsverhältnisse, z. B. Eltern-Kind-Beziehung.
- Auch das öffentliche Recht kennt Gleichordnungen, z. B. verwaltungsrechtlicher Vertrag.
- Rechtsbeziehungen im Bereich der Leistungsverwaltung können nur unzulänglich erklärt werden.

Sonderrechtstheorie (modifizierte Subjektstheorie)

▪ Eine Streitigkeit ist öffentlich-rechtlich, wenn die zugrunde liegende Norm einen Träger von Hoheitsrechten in eben dieser Eigenschaft einseitig berechtigt bzw. verpflichtet. ▪

In den meisten Fällen führt die Abgrenzung über die Sonderrechtstheorie zu brauchbaren Ergebnissen.
Schwachstelle: Den extrem seltenen Fall, dass zwei Privatleute einen öffentlich-rechtlichen Vertrag schließen, erfasst sie nicht.

Sachzusammenhang

Wenn die Streitigkeit auch nach Anwendung der Theorien nicht eindeutig eingeordnet werden kann, weil es z. B. keine Rechtsnorm gibt oder weil es sowohl im Zivilrecht als auch im öffentlichen Recht eine passende Norm gibt, so ist der größere Sachzusammenhang entscheidend.
Nachfolgend werden weitere Problemfälle und deren Einordnung aufgezeigt:

- Hausverbot
  Die Beurteilung eines Hausverbotes ist strittig. Die Rechtsprechung stellt auf den Zweck des Besuches ab. Ist dieser öffentlich-rechtlich, so ist auch das Hausverbot öffentlich-rechtlich zu beurteilen. In der Literatur wird auf den Zweck des Hausverbotes abgestellt.
  Weitere Probleme beim Hausverbot sind: ob es sich um einen Verwaltungsakt handelt und auf welche Ermächtigungsgrundlage dieser gestützt wird. Da das Hausverbot eine hoheitliche Maßnahme mit Einzelfallcharakter und Außenwirkung ist, liegt ein Verwaltungsakt vor. Als ungeschriebene Ermächtigungsgrundlage kommt die Befugnis der Verwaltung in Betracht, innerhalb ihrer Räumlichkeiten für einen reibungslosen Geschäftsablauf zu sorgen.

- Immissionen
  Immissionen sind öffentlich-rechtlich, wenn sie im Planungs- und Funktionszusammenhang mit hoheitlichen Aufgaben stehen.
  Beispiel: Immissionen von Einrichtungen der Daseinsvorsorge, z. B. Lärm einer dem öffentlichen Verkehr gewidmeten Straße.

- Öffentliche Warnungen
  Bei Warnungen oder Äußerungen von Amtsträgern wird bei der Abgrenzung darauf abgestellt, ob diese im Funktions- oder Sachzusammenhang mit einer hoheitlichen Betätigung standen (dann öffentlich-rechtlich) oder nur „bei Gelegenheit" der öffentlich-rechtlich Betätigung geäußert wurden (dann privatrechtliche Einordnung).

- Öffentlich-rechtlicher Vertrag
  Beim öffentlich-rechtlichen Vertrag (auch „Verwaltungsvertrag") wird die Abgrenzung vom Vertragsgegenstand bestimmt.

Ist dieser öffentlich-rechtlich, so ist auch der Vertrag nach öffentlichem Recht zu beurteilen. Auf die Vorstellung der Parteien kommt es nicht an.

- Glockengeläut
  Beim Glockengeläut ist zu unterscheiden:
  - Das Zeitschlagen der Turmuhr ist privatrechtlicher Natur.
  - Liturgisches Geläut, dass ist z. B. das Läuten zum Gottesdienst, wird nach öffentlichem Recht beurteilt, da hier der Sachzusammenhang zur kirchlichen Tätigkeit nach Art. 140 GG, 137 Abs. 5 WRV gegeben ist.

■ **Merke:**

Die Abgrenzung zwischen öffentlichem Recht und Zivilrecht brauchen Sie bei folgenden Prüfpunkten in Ihrer Klausur:

- Eröffnung des Verwaltungsrechtswegs, § 40 I VwGO
- Verwaltungsakt, § 35 VwVfG – Merkmal „auf dem Gebiet des öffentlichen Rechts“

Darüber hinaus brauchen Sie die Abgrenzung für folgende Entscheidungen:

- Haftungsfragen – Amtshaftung oder Haftung nach BGB
- Vollstreckung – VwG oder ZPO ■

3 Grundsätze

Bei ihrer Tätigkeit muss die Verwaltung eine Reihe von allgemeinen Grundsätzen beachten. Diese Grundsätze des Verwaltungshandelns lassen sich oft auf verfassungsrechtliche Regelungen zurückführen, sind aber dort meist nicht ausdrücklich genannt. Sie sind Teil der Voraussetzungen, unter denen ein Handeln der Verwaltung zulässig und rechtmäßig ist und ergänzen die Rechtsnormen, die das Verwaltungshandeln regeln. Dies ist schon deswegen sinnvoll, da keine Rechtsordnung lückenlos ist – kein Gesetzgeber kann alle Eventualitäten bedenken und dafür vorsorgen – und die Auslegung der Normen nicht immer eindeutig ist. Durch die allgemeinen Grundsätze des Verwaltungshandelns wird sichergestellt, dass auch diese Fälle im Einklang mit der Rechtsordnung entschieden werden.

3.1 Recht- und Gesetzmäßigkeit

Die Verwaltung muss sich an Recht und Gesetze halten, so steht es in Art. 20 Abs. 3 GG.

▪ Lesen Sie Art. 20 Abs. 3 GG! ▪

Dies ist ein heute selbstverständlicher Ausfluss des Rechtsstaatsprinzips. Die Bindung an das Gesetz hat zwei Ausprägungen, den Vorrang und des Vorbehalt des Gesetzes.

3.1.1 Vorrang des Gesetzes

Der Wille des Gesetzgebers geht jeder staatlichen Macht vor. Konkret bedeutet dies für sämtliche Verwaltungstätigkeiten:

- Normen der Verwaltung dürfen nicht gegen höherrangiges Recht verstoßen (siehe Normenhierarchie).
- Maßnahmen der Verwaltung dürfen nicht gegen Rechtsnormen verstoßen.

▪ Vorrang des Gesetzes = sämtliche Maßnahmen eines Hoheitsträgers dürfen nicht gegen höherrangiges Recht verstoßen. ▪

3.1.2 Vorbehalt des Gesetzes

Nach dem Vorbehaltsprinzip darf die Verwaltung nur tätig werden, wenn sie dazu durch formelles Gesetz oder Rechtsverordnung ermächtig ist, d. h. wenn ein Gesetz ihr dies erlaubt.
Entgegen dem Vorrangprinzip, welches negativ den Verstoß gegen Gesetze verbietet, verlangt das Vorbehaltsprinzip positiv eine gesetzliche Grundlage für das Verwaltungshandeln. Der Vorbehalt des Gesetzes wird hergeleitet aus dem Rechtsstaatsprinzip (Art. 20 Abs. 3 GG), dem Demokratieprinzip (Art. 20 Abs. 2 GG) und den Grundrechten.

Es ist umstritten, für welche Tätigkeitsbereiche der Verwaltung eine gesetzliche Grundlage notwendig und wann eine Verwaltungsvorschrift ausreichend ist. Das BVerfG hat als Kriterium die sog. Wesentlichkeitslehre entwickelt.

▪ Die **Wesentlichkeitstheorie** besagt:

- Je nachhaltiger die Grundrechte eines Individuums betroffen oder bedroht sind,
- je gewichtiger die Auswirkungen für die Allgemeinheit sind,
- je umstrittener eine Frage in der Öffentlichkeit ist,

desto präziser und enger muss die gesetzliche Regelung sein. ▪

Für die jeweiligen Erscheinungsformen von Verwaltungshandeln bedeutet dies:

- **Eingriffsverwaltung** – Bei belastenden Maßnahmen der Eingriffsverwaltung bedarf es stets einer gesetzlichen Ermächtigung, Verwaltungsvorschriften reichen hier nicht aus. Das Gesetz muss die Eingriffsbefugnisse der Verwaltung nach Inhalt, Zweck und Ausmaß hinreichend bestimmen und begrenzen. Für den Bürger müssen die Restriktionen voraussehbar sein. In der gesamten Eingriffsverwaltung muss die erste Frage sein: Wo ist die Ermächtigungsgrundlage? Ohne geht es nicht.
- **Leistungsverwaltung** – Grundsätzlich gilt der Vorbehalt des Gesetzes im Bereich der Leistungsverwaltung nur eingeschränkt. Da die Vorenthaltung staatlicher Leistungen aber mindestens genauso belastende Auswirkungen haben kann, wie Maßnahmen

der Eingriffsverwaltung, gilt er im Bereich der Sozialleistungen uneingeschränkt, § 31 SGB I.

Streitig ist die Geltung des Gesetzesvorbehalts bei der Gewährung von Subventionen. Nach der Rechtsprechung ist dafür eine materiell-gesetzliche Grundlage nötig. Sie fordert aber, dass der Haushaltsplan die Mittel vorsieht, deren Zweckbestimmung definiert und die Subventionsvergabe zu den Aufgaben der jeweiligen Behörde gehört.

Da aber auch bei der Subventionsvergabe die Grundsätze der Gleichbehandlung, des Willkürverbotes und die Grundrechte von Mitbewerbern beachtet werden müssen, kann in Einzelbereichen eine gesetzliche Ermächtigungsgrundlage notwendig sein. Insbesondere gilt dies dort, wo Subventionen mit konkreten Nachteilen für Dritte einhergehen.

Beispiel: Die Subventionierung eines Presseverlages kann Wettbewerbsnachteile für einen Konkurrenten schaffen. Wegen der Staatsfreiheit der Presse (Art. 5 GG) ist in diesen Fällen eine Ermächtigungsgrundlage notwendig (OVG Berlin NJW 75, 1938).

- **Planungsverwaltung** – Grundsätzlich ist der Gesetzesvorbehalt auch im Bereich der Planungsverwaltung zu beachten. Es besteht allerdings ein weites planerisches Ermessen.

3.2 Gleichheit

Der Gleichheitsgrundsatz aus Art. 3 Abs. 1 GG verbietet es der Verwaltung, gleiche Fälle ungleich zu behandeln. Das Gleichbehandlungsgebot kann zur sog. **Selbstbindung der Verwaltung** führen, wenn die Behörde einen bestimmten Sachverhalt stets gleich entscheidet oder durch Verwaltungsvorschriften zu erkennen gibt, dass sie in Zukunft bestimmte Fälle auf eine bestimmte Art und Weise behandeln wird. Die Verwaltung darf, wenn der gleiche Sachverhalt erneut vorliegt, grundsätzlich nicht anders entscheiden. Eine abweichende Entscheidung darf nur dann getroffen werden, wenn eine generelle Änderung der Verwaltungspraxis mit der abweichenden Entscheidung eingeleitet werden soll. Entscheidend ist, dass Sachgründe die Änderung bestimmen. Ist dies nicht der Fall, verstößt die Entscheidung gegen Art. 3 Abs. 1 GG und ist somit rechtswidrig.

3.3 Ermessen und unbestimmter Rechtsbegriff

Eine Rechtsnorm besteht aus Tatbestand und Rechtsfolge. Bei der Ausgestaltung der Tatbestands- und der Rechtsfolgenseite sind verschiedene Konstellationen möglich.

- **gebundene Entscheidung**
- **unbestimmte Rechtsbegriffe**
- **Ermessen** – Tatbestandsmerkmale sind klar vorgegeben und wenn diese vorliegen, hat die Behörde einen Spielraum, welche Rechtsfolge sie wählen möchte.
- **Koppelungsvorschriften**

3.3.1 Gebundene Entscheidung

Bei gebundenen Entscheidungen sind die Tatbestandsmerkmale klar vorgegeben; es gibt dann nur eine Handlungsmöglichkeit. Hier ist kein Raum für behördliche Erwägungen auf der Rechtsfolgenseite. Liegen die Tatbestandsvoraussetzungen vor, muss die Behörde die auf der Rechtsfolgenseite normierte Maßnahme treffen.

Formulierungen von gebundenen Entscheidungen sind: „muss", „hat", „sind zu", „soll".

3.3.2 Unbestimmte Rechtsbegriffe

Unbestimmte Rechtsbegriffe sind Tatbestandsvoraussetzungen, die erst durch Erwägungen der Behörde im Einzelfall konkretisiert werden müssen.

Beispiele: „wichtiger Grund", „Unzuverlässigkeit", „öffentliche Sicherheit und Ordnung", „Stand der Technik".

Unbestimmte Rechtsbegriffe tragen der Tatsache Rechnung, dass ein abstrakt-generelles Gesetz nicht alle Lebenssachverhalte vorweg aufnehmen kann. Sie geben der Verwaltung die Flexibilität, die sie braucht, um den Sach- und Lebensumständen entsprechend entscheiden zu können. Obwohl unbestimmte Rechtsbegriffe nur auf der Tatbestandsseite einer Norm auftauchen, wird ihre Auslegung durch die Behörde als Rechtsanwendung angesehen. Gemäß Art. 19 Abs. 4 GG sind sie damit einer gerichtlichen Kontrolle zugänglich. Dies wird durch den Grundsatz des Vorbehalts des Gesetzes und

das Bestimmtheitsgebot gestützt. Das Bestimmtheitsgebot besagt, dass Eingriffe in Rechte des Bürgers nur aufgrund einer inhaltlich hinreichend bestimmten Eingriffsnorm zulässig sind. Inwieweit Verwaltungsentscheidungen, die auf der Auslegung unbestimmter Rechtsbegriffe basieren, vom Verwaltungsgericht überprüfbar sind, ist umstritten.
Eine Ansicht will den Verwaltungsgerichten nur eine beschränkte Überprüfung der Anwendung unbestimmter Rechtsbegriffe gewähren. Eine andere dagegen fordert die volle gerichtliche Überprüfbarkeit. Das BVerfG geht davon aus, dass die Entscheidungen der Verwaltung in sachlicher und rechtlicher Hinsicht gerichtlich voll überprüfbar sind.

Einen Beurteilungsspielraum der Verwaltung sieht es nur für wenige Ausnahmen als gegeben an:

- Politisch - prognostische Entscheidungen – BVerwGE 72, 300
- Beamtenrechtliche Beurteilungen – BVerwGE 21, 127
- Entscheidungen wertender Art eines pluralistisch besetzten Gremiums – BVerwGE 39, 198
- Prüfungsentscheidungen – BVerwGE 84, 34

Faustformel: Ein Beurteilungsspielraum ist umso mehr gegeben, desto eher die Wertung auf eine konkrete, nicht wiederholbare Situation zurückgeht.

Das Gericht darf die Entscheidung der Verwaltung in diesen Fällen nur auf folgende Fehler überprüfen:

- Beachtung rechtsstaatlicher Verfahrensgrundsätze
- Chancengleichheit
- Einhaltung von Prüfungsbestimmungen und allgemeinen Bewertungsgrundsätzen
- Zugrundelegung falscher Tatsachen
- Sachfremde Erwägungen

3.3.3 Ermessen

Ermessen gibt der Verwaltung die Möglichkeit, zwischen verschiedenen Rechtsfolgen zu wählen. Diese Möglichkeit besteht immer dann, wenn das Gesetz an das Vorliegen der Tatbestandsvoraussetzungen nicht eine bestimmte Rechtsfolge knüpft, sondern es der Verwaltung überlässt, die Rechtsfolge selbst zu bestimmen.

Beispiele für Formulierungen von Ermessensentscheidungen: „kann“, „darf“.

Das Ermessen kann sich auf zwei Bereiche beziehen:

- **Entschließungsermessen** – Die Verwaltung hat die Möglichkeit zu entscheiden, ob sie eine zulässige Maßnahme überhaupt trifft.

> ■ **Merke:** Beim Entschließungsermessen fragt sich die Verwaltung, „OB“ sie tätig werden will. ■

- **Auswahlermessen** – Die Verwaltung hat die Möglichkeit, zwischen verschiedenen zulässigen Maßnahmen zu wählen. In diesem Fall sind mehrere rechtmäßige Entscheidungen denkbar.

> ■ **Merke:** Beim Auswahlermessen fragt sich die Verwaltung, „WIE“ sie tätig werden will. ■

Es gibt kein völlig freies Ermessen, sondern nur ein Handeln innerhalb gewisser Ermessensbindungen oder Ermessensgrenzen. Verwaltungsgerichte überprüfen gemäß § 114 VwGO, § 40 VwVfG, ob die Verwaltung innerhalb des erlaubten Rahmens geblieben ist. Sie prüfen nicht, ob es eine sinnvollere Maßnahme innerhalb des Rahmens gegeben hätte. Sie überprüfen demnach nur die Rechtmäßigkeit, nicht auch die Zweckmäßigkeit einer Maßnahme.

Das Gericht überprüft den Ermessengebrauch auf Ermessensüberschreitungen, auf Fehler in der Rechtsfolge und in der Motivation (Ermessensfehlgebrauch). Dabei sind folgende Fehler denkbar:

Ermessensfehler

Ermessensüberschreitung § 114 S.1 1. Alt. VwGO	**Ermessensfehlgebrauch** § 114 S.1 2. Alt. VwGO
▪ Ermessensüberschreitung ▪ Ermessensunterschreitung ▪ Ermessensnichtgebrauch	▪ Ermessensmissbrauch ▪ Verletzung des Verhältnismäßigkeitsgrundsatzes ▪ Nichtbeachtung der Selbstbindung ▪ Nichtbeachtung der Ermessensreduktion auf Null

Bei der **Ermessensüberschreitung** wählt die Verwaltung eine Rechtsfolge, die nicht mehr im Rahmen der Ermessensvorschrift liegt. Bei der **Ermessensunterschreitung** verkennt die Verwaltung die Bandbreite ihrer Handlungsmöglichkeiten. Beim **Ermessensnichtgebrauch** macht die Verwaltung von ihrem Ermessen keinen Gebrauch, weil sie irrig annimmt, sie sei gebunden.

Ermessensmissbrauch liegt vor, wenn die Behörde sich von unsachgemäßen Erwägungen leiten lässt oder wenn sie nicht alle maßgeblichen Gesichtspunkte ermittelt oder in die Entscheidung einbezieht. Ein Ermessensfehlgebrauch liegt auch dann vor, wenn die von der Verwaltung angeordnete Rechtsfolge gegen den **Verhältnismäßigkeitsgrundsatz** verstößt. Dies ist ebenso der Fall, wenn sie ihre **Selbstbindung** nicht berücksichtigt, d. h. sie weicht grundlos von früheren Ermessensentscheidungen in gleich gelagerten Fällen ab (s. o. Gleichheitsgrundsatz). Verkennt die Verwaltung, dass sich ihre Entscheidungsmöglichkeiten auf eine Alternative reduziert haben, da nur diese eine Entscheidung ermessensfehlerfrei ist (**sog. Ermessensreduzierung auf Null**), so liegt ebenfalls ein Fall des Ermessensfehlgebrauchs vor.

3.4 Verhältnismäßigkeit

Der Grundsatz der Verhältnismäßigkeit wird aus den Grundrechten, Art. 19 Abs. 2 GG und dem Rechtsstaatsprinzip hergeleitet und gilt für jedes Verwaltungshandeln. Er enthält drei Elemente:

- **Geeignetheit** – Geeignet sind nur solche Maßnahmen der Verwaltung, mit denen der gewünschte Zweck erreicht werden kann.
- **Erforderlichkeit** – Erforderlich ist nur die Maßnahme, die den Bürger am wenigsten belastet und trotzdem den Erfolg herbeiführt.

> ■ **Faustformel:** Es darf kein milderes Mittel zur Erreichung des Zwecks geben. ■

- **Angemessenheit** oder Zumutbarkeit (Verhältnismäßigkeit im engeren Sinne) - Angemessen ist eine Maßnahme nur dann, wenn der durch die Maßnahme hervorgerufene Nachteil beim Bürger nicht schwerer wiegt als der im Erreichen des Zwecks liegende Vorteil der Behörde.

> ■ **Faustformel:** Je stärker die Maßnahme den Bürger belastet, desto wichtiger muss der Zweck sein, den die Behörde mit der Maßnahme verfolgt. ■

Die Angemessenheit einer Maßnahme lässt sich nur durch eine Zweck-Mittel-Betrachtung ermitteln. Es ist ein Vergleich der Nachteile, die das Mittel bewirkt, mit den Nachteilen, die abgewendet werden sollen, vorzunehmen.

> ■ **Merke:** Die Verhältnismäßigkeit prüfen Sie **nur** bei Ermessensentscheidungen, **nie** bei gebundenen Entscheidungen. ■

4 Handlungsformen

Es gibt sieben mögliche Formen von Verwaltungsentscheidungen:

- Verwaltungsakt
- öffentlich-rechtlicher Vertrag
- verwaltungsinterne Einzelweisung
- Verwaltungsvorschrift
- Rechtsnorm
- schlichtes Verwaltungshandeln
- privatrechtliches Verwaltungshandeln

Davon beenden der Verwaltungsakt und der öffentlich-rechtliche Vertrag ein Verwaltungsverfahren im Sinne des § 9 VwVfG. Die anderen Verwaltungsentscheidungen unterliegen grundsätzlich nicht den Vorschriften des VwVfG.

4.1 Verwaltungsakt

4.1.1 Bedeutung

Der Verwaltungsakt ist die klassische und zentrale Handlungsform der Verwaltung. Er wurde ursprünglich geschaffen, um Rechtsschutz gegen bestimmte staatliche Akte zu ermöglichen, andere blieben Staatsinterna.

■ Mit Hilfe des Verwaltungsakts werden Rechtsnormen in bestimmte verbindliche Einzelakte gegenüber den Bürgern umgesetzt. ■

Die Frage, ob ein Verwaltungsakt vorliegt, hat erhebliche Bedeutung für das Verwaltungsverfahren, die Rechtsfolgen (z. B. die Bestandskraft), den Rechtsschutz (Widerspruch, Anfechtungs- und Verpflichtungsklagen nach der VwGO) und die Vollstreckung (eigener Vollstreckungstitel der Verwaltung). Man kann daher den Verwaltungsakt als Dreh- und Angelpunkt des allgemeinen Verwaltungsrechts bezeichnen.

4.1.2 Wesentliche Merkmale

Wie wird nun der Verwaltungsakt definiert? Das Gesetz liefert in § 35 Satz 1 VwVfG die Definition; gleichlautende Definitionen finden sich auch in § 31 SGB X und in § 118 AO.

■ Lesen Sie § 35 Satz 1 VwVfG! ■

Es sind aber nicht alle Begriffsmerkmale dieser Definition erforderlich, um einen Verwaltungsakt zu erfassen. Zwei der sieben Merkmale sind genaugenommen überflüssig; so ist das Merkmal „Maßnahme“ bereits in dem Merkmal „Regelung“ und das Merkmal „hoheitlich“ in dem Merkmal „auf dem Gebiet des öffentlichen Rechts“ enthalten. Sprachlich verkürzt und z. T. klarer gefasst (dazu unten) sind folgende **fünf Merkmale** für den Verwaltungsakt wesentlich, die allesamt vorliegen müssen:

■ Regelung einer Behörde aufgrund öffentlichen Rechts für den Einzelfall mit Außenwirkung. ■

Regelung

Eine Regelung wird getroffen, wenn die Verwaltung gegenüber dem Bürger **einseitig** eine unmittelbare **Rechtsfolge** setzen **will**. Das ist dann der Fall, wenn die Verwaltung die Rechtssphäre des Adressaten bewusst eingeschränkt, erweitert oder sonst verbindlich geklärt hat. Am einfachsten lässt sich dies feststellen, indem man einen „Vorher-Nachher-Vergleich“ anstellt, also die Rechtssphäre des Adressaten vor und nach Erlass der Maßnahme betrachtet und sich fragt, ob die ggf. festgestellte Veränderung von der Verwaltung gewollt ist.

Es scheiden somit Realakte, also rein tatsächliche Handlungen, und Wissenserklärungen aus. Grundsätzlich liegt auch keine Regelung vor, wenn die Behörde einfach nichts tut oder schweigt; Nichtstun oder Schweigen ist ausnahmsweise aber dann als Regelung anzusehen, wenn die Behörde kraft Gesetzes tätig werden müsste, um eine Rechtsfolge gerade nicht eintreten zu lassen.

Ferner sind bei diesem Merkmal öffentlich-rechtliche Verträge auszuscheiden. Zwar soll auch durch einen öffentlich-rechtlichen Vertrag nach dem Willen der Parteien eine Rechtsfolge herbeigeführt werden. Jedoch hängt der Eintritt der Rechtsfolge hier nicht einseitig vom Willen einer Partei, sondern vom einvernehmlichen Willen aller Vertragspartner ab.

Es liegt auf der Hand, dass auch reine **Vorbereitungshandlungen**, die selbst noch keine verbindliche Rechtsfolge setzen und dem Erlass des endgültigen Verwaltungsakts vorausgehen, noch keine Regelung treffen.

Beispiel: Einem Bürger soll die Fahrerlaubnis entzogen werden, weil die Behörde begründete Zweifel hat, ob er noch geeignet ist, Kraftfahrzeuge zu führen. Die Behörde fordert den Bürger daher vor Prüfung der Entziehung der Fahrerlaubnis auf, ein medizinisches Gutachten vorzulegen (§ 46 Abs. 4 Fahrerlaubnis-VO).

Ausnahmsweise handelt es sich bei einer vorbereitenden Anordnung um einen Verwaltungsakt, wenn diese selbstständig durchgesetzt werden kann.

Beispiel: Anordnung der Vorstellung zur Musterung, die für den Fall des Verstoßes bußgeldbewehrt ist (§§ 45, 17 WehrpflG).

Vorbereitende Verfahrenshandlungen können jedoch unabhängig davon, ob sie ausnahmsweise Verwaltungsakt-Qualität haben, gemäß § 44 a VwGO nicht isoliert angegriffen werden. Um eine Aufsplitterung in Einzelprozesse zu verhindern, kann die Vorbereitungshandlung nur mit dem Rechtsbehelf gegen die Endentscheidung angefochten werden.

Von den bloßen Vorbereitungshandlungen sind **verbindliche Teilgenehmigungen** und **vorläufige Verwaltungsakte** zu unterscheiden. Vorläufige Verwaltungsakte (z. T. auch „Vorbescheide“ genannt) werden unwirksam, wenn nicht innerhalb einer bestimmten Zeit die endgültige Genehmigung (beantragt und) erteilt wird, oder sie stehen sonst unter dem Vorbehalt, dass die Behörde sie später nachprüft.

Beispiele: Vorläufige Gaststättenerlaubnis nach § 11 GastG, Steuerfestsetzung unter Vorbehalt der Nachprüfung § 164 AO, Subventionsbewilligung (ohne gesetzliche Grundlage!) unter Vorbehalt des Ergebnisses der noch durchzuführenden Betriebsprüfung (BVerwGE 67, 99 ff.; 74, 357 ff.).

Keinen Regelungscharakter hat die sog. **„wiederholende Verfügung“**. Sie ist vom sog. **„Zweitbescheid“** zu unterscheiden. Die Problematik kann sich ergeben, wenn die Verwaltung bereits einen Sachverhalt durch Verwaltungsakt entschieden hat, der nicht mehr mit einem Rechtsbehelf angegriffen werden kann (formell bestandskräftiger Verwaltungsakt), aber der Adressat später einen Antrag auf Wiederaufgreifen des Verfahrens nach § 51 VwVfG stellt. Je nach Sachlage ergeben sich folgende Entscheidungsmöglichkeiten der Behörde: Sie kann den Wiederaufnahmeantrag ablehnen und auf die bestandskräftige Erstentscheidung hinweisen. Der Hinweis auf die Erstentscheidung wird als „wiederholende Verfügung“ bezeichnet und stellt keinen neuen Verwaltungsakt dar; allerdings ist die Ablehnung des Wiederaufnahmeantrages ein Verwaltungsakt (BVerwGE 44, 333). Wenn die Behörde dem Wiederaufnahmeantrag stattgibt und in der Sache (z. B. Auseinandersetzung mit neuen Argumenten, erneute Würdigung und Abwägung von bereits bekanntem Material) positiv oder negativ erneut entscheidet, liegt ein „Zweitbescheid“ vor. Bei diesem handelt es sich um einen Verwaltungsakt. Ein „Zweitbescheid“ kann auch ohne Antrag des Bürgers ergehen, wenn sich die Behörde nach pflichtgemäßem Ermessen entschließt, einen bestandskräftigen Verwaltungsakt nach §§ 48, 49 VwVfG aufzuheben.

Der oben angesprochene „Vorher-Nachher-Vergleich“ versagt allerdings, wenn es um die **Ablehnung eines Antrages** geht. Es wird nämlich gerade abgelehnt, eine Rechtsfolge zu setzen. Hier hilft folgende Überlegung weiter: Die Ablehnung ist die Umkehr der begehrten Vornahme. Nach der „Umkehrbetrachtung“ ist gleichwohl ein Verwaltungsakt gegeben, wenn die abgelehnte Handlung selbst ein Verwaltungsakt wäre.

Beispiel: Versagung einer Baugenehmigung.

Wenn dagegen die abgelehnte Handlung ein Realakt wäre, ist regelmäßig auch deren Ablehnung ein Realakt. Aber Vorsicht! Man muss in diesem Fall kurz prüfen, ob die Ablehnung nicht dennoch zusätzliche Elemente enthält, die sich als Regelung qualifizieren lassen. Dann ist die Ablehnung gleichwohl ein Verwaltungsakt.

Beispiel: Ablehnung einer Akteneinsicht; eine Regelung wird getroffen, weil der Schwerpunkt auf der Ermessensentscheidung liegt, die eine verbindliche Abwägung der öffentlichen und privaten Belange beinhaltet.

Man kann folgende **Regelungstypen** unterscheiden:

- Verbot/Gebot
  Hier wird dem Bürger etwas befohlen: „Tu dies!" oder „Lass das sein!".

  Beispiele: Verbot einer Versammlung, Platzverweis durch einen Polizisten, Abrissverfügung.

- Gestaltung
  Die Gestaltung kann sich zum einen auf ein Rechtsverhältnis zwischen Verwaltung und Bürger beziehen.

  Beispiele: Ernennung/Beförderung/Entlassung eines Beamten, Erteilung einer Fahrerlaubnis, Baugenehmigung.

  Die Gestaltung kann sich aber auch auf eine Sache beziehen, indem deren öffentlich-rechtliche Eigenschaft bestimmt oder deren Benutzung geregelt wird.

  Beispiele: Widmung einer Straße für den öffentlichen Verkehr, Badeordnung im städtischen Hallenbad, Aufstellung von Verkehrszeichen.

- Feststellung
  Die Feststellung kann sich auf Tatsachen oder auf ein Rechtsverhältnis beziehen. Hier wird gegenüber dem Bürger etwas verbindlich geklärt: „So ist es."

  Beispiele: Feststellung des Einheitswertes eines Grundstücks oder des Besoldungsdienstalters eines Beamten, Beurkundungen in Personenstandsbüchern.

Behörde

Verwaltungsakte können nur von Behörden erlassen werden. Entscheidend ist aber nicht der äußerliche organisationsrechtliche Status (so auch das landläufige Verständnis von Behörde i. S. v. Amt, Dienststelle); es kommt stattdessen auf die **inhaltliche Tätigkeit** an. Behörde ist nach dem **materiellen** (inhaltlichen) **Behör-**

denbegriff des § 1 Abs. 4 VwVfG jede Stelle, die öffentliche Aufgaben wahrnimmt oder erfüllt.

Auch Privatpersonen können demnach als sog. **Beliehene** Behörde sein, wenn ihnen die selbstständige Wahrnehmung öffentlicher Aufgaben übertragen worden ist.

Beispiel: Bezirksschornsteinfeger bei Feuerstättenschau und Bauabnahme, staatlich anerkannte Sachverständige des TÜV e.V. (nicht der TÜV e.V. selbst!) bei Erteilung der Prüfplakette nach § 29 StVZO.

Der Beliehene ist vom bloßen privaten **Verwaltungshelfer** zu unterscheiden. Der Verwaltungshelfer führt Hilfsarbeiten unselbstständig im Auftrag und nach Weisung einer Behörde aus, er ist bildlich gesprochen „verlängerter Arm" der Behörde.

Probleme bei der Frage, ob eine Behörde gehandelt hat, können schließlich auftreten, wenn **Gesetzgebungs-, Gerichts- oder Regierungsorgane** Maßnahmen treffen. Gesetzgebungs- und Gerichtsorgane treten nicht als Behörde in Erscheinung, wenn sie Gesetzgebungs- bzw. Rechtsprechungsaufgaben erfüllen. Regierungsorgane, die Maßnahmen der politischen Staatsführung treffen, handeln ebenfalls nicht als Behörde.

Beispiele: Die Landesregierung erlässt eine Rechtsverordnung, das Verwaltungsgericht spricht ein Urteil, der Bundespräsident ernennt die Minister.

Aufgrund öffentlichen Rechts

Es kommt entgegen der missverständlichen Formulierung in § 35 Satz 1 VwVfG („auf dem Gebiet des öffentlichen Rechts") nicht darauf an, auf welchem Gebiet die Rechtsfolgen eintreten. Entscheidend ist, ob die Behörde **aufgrund bzw. kraft** einer öffentlich-rechtlichen Befugnis handelt.

Beispiel: Die Gemeinde übt gegenüber einem Bürger ihr gesetzliches Vorkaufsrecht nach § 28 Abs. 2 BauGB aus. Die Ausübung des Vorkaufsrechts erfolgt durch Verwaltungsakt. Die Rechtswirkungen liegen aber auf privatrechtlichem Gebiet.

Bei diesem Merkmal geht es um die Abgrenzung zwischen öffentlichem und privatem Recht.

■ Lesen Sie noch einmal die Darstellung zu den Abgrenzungstheorien im Kapitel „Öffentliche Verwaltung, Arten, Abgrenzungstheorien“. ■

Engt man den Begriff des öffentlichen Rechts auf **Verwaltungsrecht** ein, scheiden Maßnahmen verfassungsrechtlicher und kirchenrechtlicher Art aus. Entscheidend ist die Zuordnung zum jeweiligen Rechtskreis, nicht das handelnde Organ.

Einzelfall

Ob ein Einzelfall geregelt werden soll, richtet sich nach der **Bestimmtheit der Adressaten** und/oder **des geregelten Lebenssachverhaltes**. Regelungen, die für eine unbestimmte Vielzahl von abstrakt erfassbaren Lebenssachverhalten und für unbestimmt viele Adressaten gelten sollen, sind dem Normengeber vorbehalten. Rufen wir uns also die Bedeutung des Verwaltungsakts noch einmal in Erinnerung: Mit Hilfe des Verwaltungsakts werden Rechtsnormen in bestimmte verbindliche Einzelakte gegenüber den Bürgern umgesetzt.

Auf der **Adressatenebene** verwendet man zur Unterscheidung die Kriterien „individuell“ (ein Adressat oder mehrere bestimmte Adressaten – „generell“ (unbestimmt viele Adressaten). Auf der **Sachverhaltsebene** verwendet man die Kriterien „konkret“ (ein bestimmter Sachverhalt) – „abstrakt“ (unbestimmt viele Sachverhalte). Es ergeben sich damit vier Kombinationsmöglichkeiten.

Einzelfall-Matrix	
konkret-individuell = Verwaltungsakt	**abstrakt-individuell** = Verwaltungsakt
konkret-generell = Allgemeinverfügung	**abstrakt-generell** = Rechtsnorm

Besonders zu beachten ist die in § 35 Satz 2 VwVfG definierte **Allgemeinverfügung**.

■ Lesen Sie § 35 Satz 2 VwVfG! ■

Hierbei handelt es sich um eine generell-konkrete Regelung im Grenzbereich zur materiellen Rechtsnorm. Die Regelung richtet sich nicht mehr an eine oder mehrere feststehende Einzelpersonen; es genügt jedoch, dass der Adressatenkreis zum Zeitpunkt der Anordnung **im wesentlichen bestimmbar**, also letztendlich überschaubar ist (BVerwGE 12, 87 ff.). Die Überschaubarkeit des Adressatenkreises ergibt sich dabei aus der Beziehung zum konkreten Lebenssachverhalt.

Mit Hilfe der Allgemeinverfügung wird es der Verwaltung ermöglicht, einfacher und flexibler zu handeln: Erstens können unbestimmte Personengruppen mit einem einzigen Verwaltungsakt erfasst werden. Zweitens wird das Einzelfallkriterium beim Verwaltungsakt für die Zukunft geöffnet; mit der Regelung können somit Zu- und Abgänge im unmittelbaren Adressatenkreis erfasst werden. Für die Allgemeinverfügung gelten darüber hinaus spezielle Verfahrenserleichterungen: die Anhörung der Adressaten vor Erlass ist verzichtbar (§ 28 Abs. 2 Nr. 4 VwVfG), statt der individuellen Bekanntgabe ist die öffentliche Bekanntgabe möglich (§ 41 Abs. 3 Satz 2 VwVfG) und der übliche Begründungszwang entfällt (§ 39 Abs. 2 Nr. 5 VwVfG).

Man kann folgende drei **Typen der Allgemeinverfügung** unterscheiden:

- personenbezogen
- sachbezogen
- benutzungsregelnd (zugleich personen- und sachbezogen)

Beispiele: Auflösungsverfügung der Polizei gegenüber den Teilnehmern einer verbotenen Versammlung nach § 15 Abs. 2 VersG, Aufstellen von Verkehrszeichen nach § 45 StVO.

Außenwirkung

Eine Regelung hat Außenwirkung, wenn ihre Rechtsfolgen eine **außerhalb der Verwaltung stehende Person** in ihrem **eigenen Rechtskreis** treffen soll. Das Merkmal dient damit der Abgrenzung zu bloßen verwaltungsinternen Maßnahmen. Außenwirkung ist unproblematisch stets dann gegeben, wenn die Regelung an eine Privatperson adressiert ist, die in keinem besonderen Näheverhältnis zur Verwaltung steht.

Problematisch können Fälle sein, bei denen die Maßnahme innerhalb eines **verwaltungsrechtlichen Sonderverhältnisses** (früher bezeichnet als sog. besonderes Gewaltverhältnis) erfolgt. Es geht hier z. B. um Maßnahmen im Staatsdienst, Wehrdienst, Schul- und Hochschulbereich oder im Strafgefangenenverhältnis.

Ob es sich bei Maßnahmen im verwaltungsrechtlichen Sonderverhältnis um einen Verwaltungsakt oder lediglich eine verwaltungsinterne Maßnahme handelt, wird herkömmlich wie folgt abgegrenzt: Betrifft die die Maßnahme

- das Grundverhältnis (den Status) des Adressaten oder bloß
- das Betriebsverhältnis?

Durch die Rechtsprechung des BVerwG ist diese Unterscheidung noch präzisiert worden: Danach kommt es nicht darauf an, ob der Rechtskreis des Adressaten tatsächlich berührt ist, sondern darauf ob die Maßnahme nach ihrem objektiven Sinngehalt **dazu bestimmt** ist, eine Rechtsfolge mit Außenwirkung zu setzen (BVerwGE 60, 144 ff.).

Beispiele: Versetzung oder Entlassung eines Beamten ist Verwaltungsakt, Umsetzung eines Beamten innerhalb der Behörde oder Zuweisung anderer Dienstgeschäfte an einen Beamten ist bloß Verwaltungsinternum.

Beim **mehrstufigen Verwaltungsakt** kann die Frage entstehen, ob ein verwaltungsinterner Mitwirkungsakt einer Behörde gegenüber einem Bürger Außenwirkung hat. Es handelt sich hier um Fälle, bei denen nur die „federführende" Behörde gegenüber dem Bürger nach außen in Erscheinung tritt; allerdings ist vorher intern eine andere Behörde beteiligt worden.

Beispiele: Zustimmung der obersten Landesstraßenbaubehörde zur Errichtung von Werbeanlagen an Autobahnen nach § 9 Abs. 2 FStrG, Zustimmung der Ausländerbehörde gegenüber Auslandsvertretungen bei Erteilung eines Visums nach § 64 Abs. 4 AuslG i. V. m. § 11 DVAuslG.

Normalerweise hat der interne Mitwirkungsakt keine Außenwirkung. Der Mitwirkungsakt der Behörde „im Hintergrund" hat ausnahmsweise dann Außenwirkung, wenn folgende drei Voraussetzungen vorliegen:

- Erstens muss die Mitwirkung in einer Rechtsnorm vorgesehen sein.
- Zweitens muss die Mitwirkung für die federführende Behörde bindend sein.

- Drittens muss es ausschließlich der Mitwirkungsbehörde obliegen, besondere Gesichtspunkte, die für den Bürger relevant sind, zu prüfen und geltend zu machen; man spricht hier von der sog. nichtdeckungsgleichen Prüfungskompetenz.

Ob der Mitwirkungsakt Außenwirkung hat oder nicht, ist entscheidend für den Rechtsschutz: bei bloß deckungsgleicher Prüfungskompetenz der Behörden geht der betroffene Bürger, dessen Antrag abgelehnt wurde, mit der Verpflichtungsklage allein gegen die federführende Behörde vor. Im verwaltungsgerichtlichen Prozess wird die andere Behörde beigeladen und ihre fehlende Zustimmung ggf. durch das Urteil ersetzt. Bei nichtdeckungsgleicher Prüfungskompetenz der Behörden müssen zwei Verpflichtungsklagen erhoben werden: zunächst muss gegen die Mitwirkungsbehörde auf Zustimmung, dann gegen die Erlassbehörde auf Erlass des begehrten Verwaltungsakt geklagt werden.

Schließlich kann die Außenwirkung einer Maßnahme fraglich sein, wenn die **Maßnahme gegenüber einer Behörde eines anderen Rechtsträgers** erfolgt; der andere Rechtsträger ist ja eine eigene Rechtsperson. Betrifft die Maßnahme den Selbstverwaltungsbereich des anderen Verbandes, dann betrifft sie den anderen Verband als Rechtsperson und hat Außenwirkung. Betrifft die Maßnahme dagegen nur die Erfüllung staatlicher Aufgaben, die dem anderen Verband übertragen worden sind (Auftragsverwaltung, Pflichtaufgaben nach Weisung), dann fehlt es an der Außenwirkung.

Beispiele: Der Bundesminister für Umwelt, Naturschutz und Reaktorsicherheit weist das Niedersächsische Umweltministerium an, ein atomares Endlager zu genehmigen; da das Atomrecht von den Ländern in Auftragsverwaltung des Bundes (Art. 85, 87 c GG) vollzogen wird, bleibt die Weisung ohne Außenwirkung. Anders verhält es sich folgendem Fall: ein Landkreis verweigert im Wege der Kommunalaufsicht einer Gemeinde die Genehmigung der Aufstellung eines Bebauungsplanes; da eigene Rechte der Gemeinde betroffen sind (Art. 28 GG), ist Außenwirkung gegeben.

4.1.3 Nebenbestimmungen

Wird die Regelung, die den Hauptinhalt des Verwaltungsakts ausmacht, mit irgendwelchen **belastenden „Zusätzen"** versehen, die den **Inhalt des Hauptverwaltungsakt ergänzen bzw. beschrän-**

ken, spricht man allgemein von Nebenbestimmungen. Voraussetzungen für das Vorliegen von Nebenbestimmungen sind:

- existierender Hauptverwaltungsakt
- eigenständige Regelung

Gesetzlich sind Nebenbestimmungen in § 36 VwVfG geregelt.

- Lesen Sie § 36 VwVfG!

Keine Nebenbestimmungen sind bloße Hinweise auf die Rechtslage, die einem Verwaltungsakt beigefügt werden. Sie haben lediglich deklaratorischen Charakter und regeln nichts.

Zulässigkeit von Nebenbestimmungen

Man muss zwischen gebundenen Verwaltungsakten, auf deren Erlass ein Anspruch besteht und solchen, deren Erlass ins Ermessen der Verwaltung gestellt ist, unterscheiden.

Wenn auf den Hauptverwaltungsakt ein Rechtsanspruch besteht, ist es grundsätzlich unzulässig, Nebenbestimmungen beizufügen. Hierzu bedarf es einer speziellen Rechtsgrundlage (§ 36 Abs. 1 1. Alt. VwVfG); andernfalls dürfen Nebenbestimmungen nur beigefügt werden, wenn damit unwesentliche Genehmigungsvoraussetzungen sichergestellt werden sollen. Rechtsgrundlage ist in diesem Fall § 36 Abs. 1 2. Alt. VwVfG selbst.

Beispiel: Die Erteilung der Fahrerlaubnis unter der Bedingung, dass die Fahrprüfung noch bestanden wird, wäre unzulässig. Die bestandene Fahrprüfung ist nämlich wesentliche Genehmigungsvoraussetzung.

Wenn es in das Ermessen der Verwaltung gestellt ist, den Hauptverwaltungsakt zu erlassen, ist es grundsätzlich zulässig, Nebenbestimmungen beizufügen (§ 36 Abs. 2 VwVfG). Die Verwaltung dürfte den Verwaltungsakt ja auch ganz versagen (vorausgesetzt eine solche Versagung wäre ermessensfehlerfrei). Nur ausnahmsweise ist es verboten, Verwaltungsakte, deren Erlass in das Ermessen der Verwaltung gestellt ist, mit Nebenbestimmungen zu versehen. Das ist dann der Fall, wenn dies entweder gesetzlich ausdrücklich verboten ist, sich das Verbot aus der Natur des Hauptverwaltungsakts ergibt, die Nebenbestimmung nicht in sachlichem Zusammenhang mit dem Hauptverwaltungsakt steht oder die Nebenbestimmung dem Zweck des Hauptverwaltungsakts zuwiderläuft.

Arten von Nebenbestimmungen

Begrifflich lassen sich die verschiedenen Arten von Nebenbestimmungen zwar klar unterscheiden. Diese sind in § 36 Abs. 2 VwVfG definiert. Die Verwaltungspraxis bedient sich aber nicht immer einer klaren Sprache, wenn z. B. eine Genehmigung erteilt wird „mit der Maßgabe, dass …“. Manchmal werden aber auch schlicht die falschen Bezeichnungen für die Art der Nebenbestimmung verwendet.

Zunächst einmal kann man unselbstständige von selbstständigen Nebenbestimmungen unterscheiden. Die Frage der Unselbstständigkeit oder Selbstständigkeit ist stets mit Bezug zum Hauptverwaltungsakt zu beantworten. Nach der Terminologie des Gesetzes werden unselbstständige Nebenbestimmungen mit dem Hauptverwaltungsakt „erlassen“, selbstständige Nebenbestimmungen werden dagegen mit dem Hauptverwaltungsakt „verbunden“.

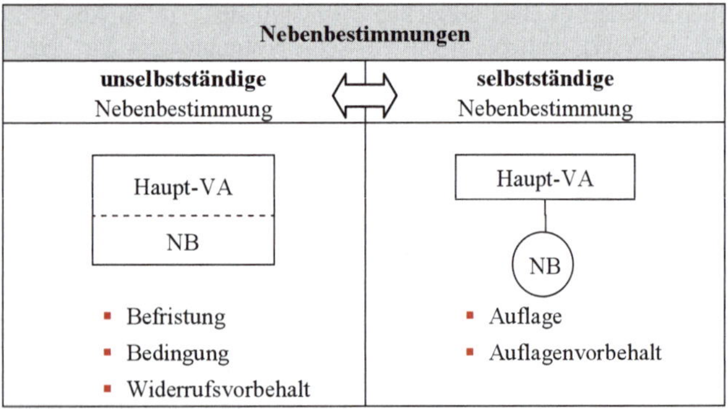

Unselbstständige (also nicht trennbare) Nebenbestimmungen sind Bestandteil des Hauptverwaltungsakts selbst und enthalten keine eigenen Sachregelungen. Sie begrenzen aber die Regelung des Hauptverwaltungsakts. Dagegen sind **selbstständige** (also trennbare) Nebenbestimmungen mit dem Hauptverwaltungsakt verbunden und enthalten eigene Sachregelungen. Diese Nebenbestimmungen sind eigene Verwaltungsakte; ihre Erfüllung oder Nichterfüllung führt nicht automatisch zur Wirksamkeit oder Unwirksamkeit des Hauptverwaltungsakts.

Befristung

Bei der **Befristung** beginnt oder endet die innere Wirksamkeit des Hauptverwaltungsakts zu einem bestimmten Zeitpunkt oder gilt nur für einen bestimmten Zeitraum.

Beispiel: Dem Eiscafé-Inhaber wird eine Sondernutzungserlaubnis für das Aufstellen von Tischen und Stühlen auf dem Gehweg erteilt, die jedoch auf die Monate Mai bis August beschränkt wird.

Bedingung

Bei der **Bedingung** beginnt oder endet die innere Wirksamkeit des Hauptverwaltungsakts mit dem noch ungewissen Eintritt eines zukünftigen Ereignisses.

Beispiel: Eine Gaststättenerlaubnis wird unter der Bedingung erteilt, dass der Antragsteller eine Bescheinigung über seine hygienische Unbedenklichkeit beibringt.

Widerrufsvorbehalt

Bei dem **Widerrufsvorbehalt** endet die innere Wirksamkeit des Hauptverwaltungsakts mit der noch ungewissen Widerrufserklärung der Behörde, wobei die Behörde freilich vom Widerruf nur nach pflichtgemäßer Ermessensausübung Gebrauch machen darf. Systematisch ist der Widerrufsvorbehalt daher als besonderer Fall der Bedingung anzusehen. Zwar könnte die Verwaltung einen rechtmäßig erteilten Verwaltungsakt auch nach § 49 widerrufen, jedoch muss sie dann in bestimmten Fällen, wenn der Bürger auf den Bestand des Verwaltungsakts vertraut hat und sein Vertrauen schutzwürdig ist, den Bürger entschädigen. Der eigentliche Zweck des Widerrufsvorbehalts liegt also darin, den Vertrauensschutz und die damit zusammenhängende Entschädigungspflicht „auszuhebeln“.

Beispiele: Ernennung eines Beamten auf Widerruf, wenn dieser einen Vorbereitungsdienst abzuleisten hat (§ 3 Abs. 1 Nr. 4 b BRRG), Erteilung einer Fahrerlaubnis auf Probe (§ 2a StVG).

Auflage

Mit der **Auflage** wird einem begünstigenden Hauptverwaltungsakt eine zusätzliche Leistungsverpflichtung beigefügt. Die Auflage kann im Wege des Verwaltungszwangs selbstständig durchgesetzt werden

Beispiele: Eine Baugenehmigung wird mit der Auflage erteilt, dass eine Zuwegung zum Hintergrundstück gebaut wird. Eine wasserrechtliche Erlaubnis zum Kiesabbau wird mit der Auflage erteilt, dass das Grundstück nach dem Abbau rekultiviert wird.

Auflagenvorbehalt

Mit dem **Auflagenvorbehalt** behält sich die Behörde vor, einem begünstigenden Hauptverwaltungsakt später möglicherweise eine zusätzliche Leistungsverpflichtung beizufügen oder eine solche, die bereits von vornherein beigefügt ist, zu ändern bzw. zu ergänzen.

Abgrenzungsprobleme

Schwierigkeiten können bei der Abgrenzung von **Auflage und Bedingung** auftreten. Ob es sich um diese oder jene Art von Nebenbestimmungen handelt, ist aus Sicht des Adressaten auszulegen; es kommt darauf an, wie sich die Maßnahme der Behörde aus Sicht eines objektiven Empfängers darstellt. Die wörtliche Bezeichnung als „Auflage“ oder „Bedingung“ ist dabei nur ein erstes Indiz, aber nicht mehr. Es sind auch Ziele und Zwecke, die die Behörde mit der Nebenbestimmung verfolgen will, zu berücksichtigen. Schließlich kann eine gesetzeskonforme Lesart Aufschluss gegeben. Doch auch dabei muss man zuweilen vorsichtig sein, denn die Sprache des Gesetzgebers ist nicht immer präzise.

Beispiel: Keine Nebenbestimmung ist trotz ihrer wörtlichen Bezeichnung eine „Auflage“ nach § 15 Abs. 1 VersG, mit welcher die zuständige Behörde eine öffentliche Versammlung unter freiem Himmel reglementiert. Hier fehlt es bereits an einem Hauptverwaltungsakt, dem die Auflage beigefügt wird; das Abhalten von Versammlungen ist nämlich erlaubnisfrei. Die reglementierende „Auflage“ ist hier also eigenständiger Verwaltungsakt.

■ **Faustformel:** Eine Bedingung ist gewollt, wenn die Beachtung der Nebenbestimmung so wesentlich ist, dass der Bestand des Hauptverwaltungsakts von ihr abhängen soll. Im Zweifel ist regelmäßig die Auflage als milderes Mittel anzunehmen. ■

Auch folgender Fall kann in der Abgrenzung zur Auflage Schwierigkeiten bereiten:

Bei der sog. **modifizierenden Auflage/Genehmigung** weicht die Behörde mit der Genehmigung vom Antrag des Bürgers ab. Es wird also ein anderer als der beantragte Verwaltungsakt erlassen. Man kann auch sagen: der Gegenstand der Rechtsgewährung wird qualitativ geändert.

Beispiel: Ein Bürger beantragt eine Baugenehmigung für ein Haus mit Satteldach. Dieses ist aber nicht genehmigungsfähig. Stattdessen erteilt die Behörde eine Baugenehmigung mit der „Auflage“, ein Flachdach zu errichten, um die Genehmigungsfähigkeit herzustellen.

Das Beispiel verdeutlicht, dass es die Verwaltung, obwohl sie von seinem Antrag abweicht, mit dem Bürger im Grunde genommen gut meint. Da aber die modifizierende Auflage den Verwaltungsakt inhaltlich nur konkretisiert, ohne eine eigene Sachregelung zu treffen, ist sie unselbstständiger Teil des Hauptverwaltungsakts.

Eine von der Verwaltung unter modifizierender Auflage bürgerfreundlich erteilte Genehmigung ist schlicht rechtswidrig, weil der erforderliche Antrag fehlt. Dieser Fehler kann jedoch nach § 45 Abs. 1 Nr. 1 VwVfG geheilt werden, wenn der erforderliche Antrag nachträglich gestellt wird. Macht der betroffene Bürger von der Genehmigung Gebrauch, gilt der Antrag nachträglich als stillschweigend gestellt. Wenn sich der betroffene Bürger allerdings gegen den nicht von seinem Antrag gedeckten Verwaltungsakt wehren will, kann er weder den Verwaltungsakt selbst noch die modifizierende Auflage isoliert anfechten. Er muss stattdessen Verpflichtungsklage auf Erteilung der ursprünglich beantragten Genehmigung erheben.

■ **Merke:** Die modifizierende Auflage/Genehmigung ist keine Nebenbestimmung i. S. des § 36 VwVfG sondern ein aliud! ■

Rechtsschutz gegen Nebenbestimmungen

Es stellt sich die Frage, wie sich der Bürger gegen belastende Nebenbestimmungen wehren kann, die dem Verwaltungsakt von **vornherein** beigefügt sind. Hierzu werden verschiedene Ansichten vertreten. Dabei geht es zunächst um die Prüfung der Zulässigkeit des Rechtsmittels und dort um die Frage, welches Rechtsmittel statthaft (also das richtige) ist.

Nach einer Ansicht kommt es auf die **Art der Nebenbestimmung** an: selbstständige Nebenbestimmungen, die ja neben dem Hauptverwaltungsakt einen eigenen Verwaltungsakt darstellen, können isoliert mit der Anfechtungsklage angegriffen werden. Unselbstständige Nebenbestimmungen können dagegen nur mit einer Verpflichtungsklage angegriffen werden, und zwar auf Erlass des begehrten Hauptverwaltungsakts ohne Nebenbestimmung.

Nach einer anderen Ansicht kommt es auf die **Art der Rechtsfolge** an, die die Rechtsgrundlage für den Erlass des Hauptverwaltungsakt vorsieht: besteht ein Anspruch auf den Erlass des Hauptverwaltungsakts, kann die Nebenbestimmung isoliert mit der Verpflichtungsklage angegriffen werden. Ist der Erlass des Hauptverwaltungsakts in das Ermessen der Verwaltung gestellt, kommt nur die Verpflichtungsklage in Betracht.

Nach der **Ansicht des BVerwG** (BVerwGE 81, 185 ff.; 88, 348 ff.; NVwZ-RR 1996, S. 20) können Nebenbestimmungen grundsätzlich immer isoliert mit der Anfechtungsklage angegriffen werden. Nur wenn der Hauptverwaltungsakt und die Nebenbestimmung von vornherein und offensichtlich logisch unteilbar sind, kommt ausnahmsweise die Verpflichtungsklage in Betracht.

Die skizzierten unterschiedlichen Auffassungen zu den Rechtsschutzmöglichkeiten stellen im Grunde genommen nichts anderes als „juristische Spiegelfechtereien“ dar. Letzten Endes müssen nämlich stets die gleichen Probleme gelöst werden, die dann auftreten, wenn der Erlass des Hauptverwaltungsakts in das Ermessen der Verwaltung gestellt ist. Die Prüfung der Begründetheit des Rechtsmittels bei isolierter Anfechtung muss sich dann speziell mit zwei Fragen befassen. Erstens: wäre der restliche Hauptverwaltungsakt, der übrig bleibt, wenn man sich die Nebenbestimmung wegdenkt, auch ohne die Nebenbestimmung rechtmäßig? Nur wenn das der Fall ist, kann die isolierte Anfechtungsklage begründet sein. An dieser Stelle ist der Rest-Verwaltungsakt also einer vollständigen Rechtmäßigkeitsprüfung zu unterziehen. Zweitens: darf das Gericht in eine Ermessensentscheidung der Behörde eingreifen, indem im Fall einer erfolgreichen Anfechtung möglicherweise die Nebenbestimmung „weggeschossen" wird? Diese Frage kann mit einem „Ja" beantwortet werden, denn bei Eingriffen in das Behördenermessen kann die Verwaltung den ihr „aufgedrängten" Rest-Verwaltungsakt, den sie so nicht erlassen hätte wie folgt korrigieren: sie kann ihn analog § 48 VwVfG zurücknehmen, analog § 49 VwVfG widerrufen, oder ggf. mit rechtmäßigen neuen Nebenbestimmungen versehen.

Wenn man die Systematik des Gesetzes zu den Nebenbestimmungen aus § 36 VwVfG aufgreift, erscheint es am einfachsten, die Rechtschutzwahl nach der Art der Nebenbestimmung zu treffen (so auch Haug, Staats- und Verwaltungsrecht, 5. Aufl. 2004, Rdz. 246). Aus prozesstaktischer Vorsicht sollte man im konkreten Rechtsschutzfall bei der isolierten Anfechtung stets einen Hilfsantrag auf Verpflichtung der Verwaltung zum Erlass des Verwaltungsakts ohne Nebenbestimmungen stellen.

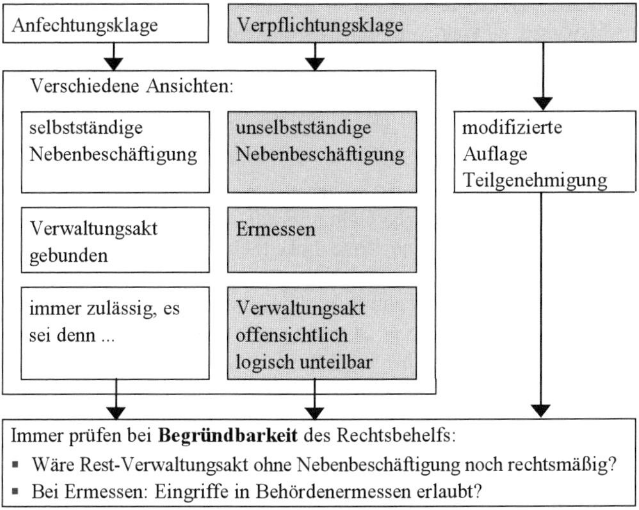

4.1.4 Fehler und Folgen

Begriffe

Die nachfolgenden Betrachtungen setzen stets voraus, dass überhaupt ein Verwaltungsakt vorliegt. Was aber passiert, wenn dieser an einem Fehler krankt? Um Antworten auf diese Frage zu finden, müssen Sie sich erst einmal mit ein paar Grundbegriffen vertraut machen.

Fehlerfrei/fehlerhaft

Das Begriffspaar **fehlerfrei/fehlerhaft** bezeichnet das wertneutrale Ergebnis, das sich ergibt, wenn man einen Verwaltungsakt tatbestandsmäßig darauf untersucht, ob er mit der Rechtsordnung übereinstimmt oder nicht. Erfüllt ein Verwaltungsakt alle Voraussetzungen, die die Rechtsordnung an ihn stellt, ist er fehlerfrei, andernfalls ist er fehlerhaft.

Rechtmäßig/rechtswidrig

Das Begriffspaar **rechtmäßig/rechtswidrig** bezeichnet die Bewertungen, die der Gesetzgeber an das Vorliegen eines Fehlers knüpft. In aller Regel ist ein fehlerhafter Verwaltungsakt auch rechtswidrig. Allerdings ist ein fehlerhafter Verwaltungsakt nicht zwangsläufig rechtswidrig; so kann ein Fehler ausnahmsweise im Rahmen von § 45 VwVfG geheilt oder im Rahmen von § 42 VwVfG als unbeachtlich und im Rahmen von § 46 VwVfG als folgenlos hingenommen werden.

Wirksam/unwirksam

Das Begriffspaar **wirksam/unwirksam** bezeichnet die Auswirkungen, die ein Fehler auf die Geltungskraft eines bekannt gegebenen Verwaltungsakts hat. Die Wirksamkeit eines Verwaltungsakts ist regelmäßig unabhängig von Fehlern: auch ein rechtswidriger Verwaltungsakt ist zunächst einmal vorläufig wirksam, aber vernichtbar (anfechtbar), es sei denn er ist nichtig. Die Wirksamkeit ist solange vorläufig und noch nicht endgültig, wie der Verwaltungsakt vernichtbar bzw. anderweitig aufhebbar ist.

▪ **Merke:** Für den Verwaltungsakt gilt anders als für Rechtsnormen das Wirksamkeitsprinzip: Fehler haben regelmäßig keinen Einfluss auf die Wirksamkeit des Verwaltungsakts! ▪

Durch das Wirksamkeitsprinzip wird dem Bürger das Anfechtungsrisiko aufgebürdet. Nur ein nichtiger Verwaltungsakt ist von vornherein unwirksam (§ 43 Abs. 3 VwVfG). Er hat rechtlich nie existiert.

Bestandskraft

Mit dem Begriff **bestandskräftig** wird ein Verwaltungsakt bezeichnet, der sowohl für den Bürger als auch für die Verwaltung dauerhaft Geltungskraft besitzt, und zwar unabhängig davon, ob er fehlerhaft bzw. rechtswidrig ist.

Auch ein rechtswidriger Verwaltungsakt wird **formell** bestandskräftig, wenn er für den Bürger unanfechtbar wird.

Ein belastender rechtswidriger Verwaltungsakt wird daher formell bestandskräftig bei:

- Ablauf der gesetzlichen Rechtsbehelfsfristen (für Widerspruch bzw. Anfechtungsklage).
- Ablauf der Rechtsmittelfristen (für Berufung bzw. Revision).
- Verzicht des Bürgers auf die Einlegung von Rechtsbehelfen/Rechtsmitteln.

Ein begünstigender rechtswidriger Verwaltungsakt wird sogleich mit Bekanntgabe formell bestandskräftig, denn mangels Beschwer kann der Bürger ihn von vornherein nicht anfechten.

Auch ein rechtswidriger Verwaltungsakt wird **materiell** bestandskräftig, wenn bzw. soweit er von der Verwaltung nicht mehr zurückgenommen oder widerrufen werden kann. Die materielle Bestandskraft eines Verwaltungsakts verbietet also der Verwaltung, nachträglich von der getroffenen Entscheidung abzuweichen und bindet die Verwaltung an die eigene Entscheidung.

4.1.5 Wirksamkeit

Ein Verwaltungsakt wird durch amtlich veranlasste **Bekanntgabe** gegenüber dem betroffenen Bürger wirksam (§§ 43 Abs. 1, 41

VwVfG), es sei denn er ist nichtig. An die Wirksamkeit knüpfen sich drei Rechtsfolgen:

- Beendigung des Verwaltungsverfahrens
- grundsätzliche Vollziehbarkeit des Verwaltungsakts
- Beginn der Widerspruchsfrist

Die Wirksamkeit eines Verwaltungsakts endet, wenn er aufgehoben wird oder sich von selbst erledigt.

Äußere und innere Wirksamkeit

Es wird zwischen äußerer und innerer Wirksamkeit unterschieden. Mit seiner äußeren Wirksamkeit beginnt ein Verwaltungsakt rechtlich zu existieren und ist nunmehr „in der Welt". Die **äußere Wirksamkeit** tritt mit der Bekanntgabe ein. Es handelt sich bildlich gesprochen um die Geburtsstunde des Verwaltungsakts. Seine **innere Wirksamkeit** tritt ein, sobald die beabsichtigte Regelung für den Bürger rechtlich verbindlich wird und damit die beabsichtigten Rechtsfolgen entfaltet; die innere Wirksamkeit eines Verwaltungsakts kann von Befristungen oder Bedingungen abhängig sein. Umstritten ist, ob die sog. aufschiebende Wirkung eines Anfechtungswiderspruchs bzw. einer Anfechtungsklage (§ 80 Abs. 1 VwGO) die innere Wirksamkeit eines Verwaltungsakts oder nur dessen Vollziehbarkeit hemmen. Im Normalfall treten äußere und innere Wirksamkeit zur gleichen Zeit ein.

Bekanntgabemöglichkeiten

Die Bekanntgabe muss **amtlich veranlasst** sein. Die bloß zufällige Kenntnisnahme oder private Kenntnisgabe vom Inhalt des Verwaltungsakts genügt nicht. Die Bekanntgabe eines Verwaltungsakts kann wie folgt geschehen:

Grundsätzlich wird ein Verwaltungsakt dem Adressaten **individuell** bekannt gegeben. Dies kann in zweifacher Weise geschehen: formlos oder förmlich durch Zustellung.

Die **formlose** Bekanntgabe kann mündlich, in sonstiger Weise (z. B. durch Handzeichen eines Polizisten) oder schriftlich erfolgen (§§ 41 Abs. 1, 37 Abs. 2 VwVfG). Erfolgt sie schriftlich, kann dies entweder durch die Behörde selbst oder durch einfachen Brief (§ 41 Abs. 2 VwVfG) geschehen. Im Falle der Bekanntgabe durch einfachen Brief gilt der Verwaltungsakt frühestens am 3. Tage nach Aufgabe zur Post als bekannt gegeben, sog. **Bekanntgabefiktion**.

- Lesen Sie § 41 Abs. 2 VwVfG!

Die Bekanntgabefiktion mit dem dritten Tag ist auch bei nachweislich früherem Zugang maßgeblich. Sie ist auch entscheidend, wenn der dritte Tag ein Samstag, Sonntag oder gesetzlicher Feiertag ist. Zur Bestimmung des Aufgabetages genügt es, dass ein Behördenstempel oder –vermerk in der Verwaltungsakte dies dokumentiert, z. B. „abgesandt am ...“. Behauptet der Bürger, der Brief sei ihm später oder gar nicht zugegangen, muss die Behörde die rechtzeitige Bekanntgabe beweisen.

Die formlose Bekanntgabe kann schließlich auch elektronisch durch e-mail erfolgen. Im Falle der Bekanntgabe durch e-mail, sind die Anforderungen nach § 37 Abs. 3 und 4 VwVfG einzuhalten. Ferner ist § 3 a VwVfG zu beachten: falls die Schriftform für den Verwaltungsakt durch Rechtsvorschrift vorgeschrieben ist, kann diese durch die elektronische Form nur wirksam ersetzt werden, wenn das Dokument mit einer qualifizierten elektronischen Signatur nach dem Signaturgesetz versehen ist. Auch bei Bekanntgabe durch e-mail gibt es eine Bekanntgabefiktion.

Die **förmliche** Bekanntgabe muss dann gewählt werden, wenn dies in einer Rechts- oder Verwaltungsvorschrift ausdrücklich bestimmt ist.

Beispiel: Der Widerspruchsbescheid muss zugestellt werden (§ 73 Abs. 3 S. 1 VwGO).

Handelt eine Bundesbehörde, richtet sich die Zustellung nach dem VwZG des Bundes; handelt eine Landesbehörde, nach dem VwZG des jeweiligen Landes. Die Zustellung kann durch die Post mittels Postzustellungsurkunde – PZU – (§ 3 VwZG) oder mittels Einschreiben (§ 4 VwZG) erfolgen. Wird dem Bürger das Einschreiben nicht unmittelbar ausgehändigt, sondern ihm nur eine Benachrichtigung hierüber hinterlassen, gibt es auch hier eine Bekanntgabefiktion: die Zustellung wird erst mit tatsächlicher Abholung von der Post, frühestens aber mit dem 3. Tag nach Absendung bewirkt. Die Zustellung kann ferner durch die Behörde selbst mittels Empfangsbekenntnis – EB – (§ 5 VwZG) oder bei Zustellungen an die öffentliche Hand mittels Vorlage der Urschrift (§ 6 VwZG) erfolgen. Schließlich sind noch Sonderarten der Zustellung vorgesehen (§§ 14 ff. VwZG).

Legitimiert sich im Verwaltungsverfahren ein Rechtsanwalt für den Bürger unter Vorlage einer Vollmacht, muss zwingend an den Rechtsanwalt zugestellt werden (§ 8 Abs. 1 S. 2 VwZG). Andernfalls ist die Zustellung unwirksam. Allgemein können etwaige Zustellungsfehler nach § 9 VwZG geheilt werden. Zustellungsfehler sind auch dann unbeachtlich, wenn sie vom betroffenen Bürger nicht gerügt werden, dieser sich aber im Widerspruch zur Sache einlässt, sog. rügelose Einlegung des Rechtsbehelfs.

Ausnahmsweise kann ein Verwaltungsakt auch **öffentlich** bekannt gegeben werden. Ob dies erfolgen darf, ist in § 41 Abs. 3 VwVfG und wie dies zu geschehen hat, ist in § 41 Abs. 4 VwVfG geregelt.

Beispiel: In den Lokalzeitungen wird eine Allgemeinverfügung über räumliche und zeitliche Beschränkungen von Versammlungen anlässlich des Castor-Transports durch deren Abdruck bekannt gemacht.

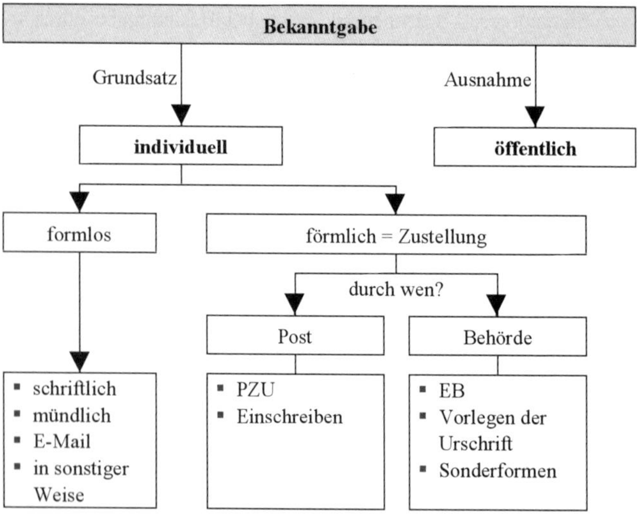

4.1.6 Fehlerarten im Überblick

Fehlerart 1: zur Nichtigkeit führender Fehler

Der Fehler wiegt hier so schwer, dass der Verwaltungsakt nichtig, also von vornherein unwirksam ist (§ 43 Abs. 3 VwVfG). Die Nichtigkeitsgründe sind in § 44 VwVfG geregelt.

■ Lesen Sie § 44 VwVfG! ■

Die Vorschrift gliedert sich in drei Absätze. Absatz 1 der Vorschrift enthält in einer Generalklausel **relative Nichtigkeitsgründe**: Der Fehler muss zum einen **besonders schwerwiegend** sein. Zum anderen muss der Fehler für den verständigen Bürger **offenkundig** sein. Der Makel der Nichtigkeit muss dem Verwaltungsakt also geradezu „auf die Stirn geschrieben" sein.

Beispiel: Aufstellen eines Verkehrsschildes in der Stadt durch die Forstverwaltung, Erlass eines Steuerbescheides durch das Sozialamt. In beiden Fällen handelt eine absolut unzuständige Behörde.

Absatz 2 der Vorschrift zählt beispielhaft **absolute Nichtigkeitsgründe** auf. Liegt einer dieser Rechtsverstöße vor, bedarf es keiner weiteren Prüfung, ob dieser Fehler besonders schwerwiegend und offenkundig ist.

Absatz 3 ist sozusagen das negative „Gegenstück" zu Absatz 2. Dieser Absatz zählt beispielhaft **Nicht-Nichtigkeitsgründe** auf. Liegt einer dieser Rechtsverstöße vor, ist der Verwaltungsakt gerade noch nicht nichtig, sondern bloß rechtswidrig und damit vernichtbar.

Zweckmäßigerweise prüfen Sie die Nichtigkeit eines Verwaltungsakts in dieser Reihenfolge:

- Absolute Nichtigkeit, § 44 Abs. 2 VwVfG?
- Nicht Nichtigkeit, § 44 Abs. 3 VwVfG?
- Relative Nichtigkeit, § 44 Abs.1 VwVfG (Generalklausel)?

Fehlerart 2: zur Rechtswidrigkeit führender Fehler

Der Fehler führt hier nur zur schlichten Rechtswidrigkeit des Verwaltungsakts. Der Verwaltungsakt ist wirksam, aber vernichtbar.

Diese Fehlerart hat in der Praxis (und der Klausur) die größte Bedeutung.

Die hier auftretenden Fehler lassen sich in Fehler, die die formelle und solche, die die materielle Seite eines Verwaltungsakts betreffen, unterteilen.

Formelle Fehler

Die formelle Seite betreffen **Zuständigkeits-, Verfahrens- und Formfehler**.

Heilung

Es gibt Verfahrens- oder Formfehler, die ausnahmsweise nach § 45 VwVfG **geheilt** werden können, was dazu führt, dass der Verwaltungsakt dann insoweit nicht rechtswidrig ist.

- Lesen Sie § 45 VwVfG!

Zweckmäßigerweise prüfen Sie die Heilung in dieser Reihenfolge:

- Welche Verfahrens-/Formfehler können geheilt werden? § 45 Abs. 1 VwVfG: **Katalog**.
- **Zeitschranke** einhaltbar? § 45 Abs. 2 VwVfG: bis zum Abschluss des gerichtlichen Verfahrens.

Folgenlosigkeit

Unter gewissen Umständen können nach § 46 VwVfG örtliche Zuständigkeits-, Verfahrens- oder Formfehler **folgenlos** sein. Das ist dann der Fall, wenn die unterlassene Handlung gar **nicht ursächlich** für den Inhalt des Verwaltungsakts war. Der Verwaltungsakt bleibt dann zwar rechtswidrig, ist aber wegen dieses Fehlers nicht vernichtbar: Der betroffene Bürger wird durch diesen folgenlosen Fehler nicht in seinen Rechten verletzt; eine Klage auf Aufhebung des Verwaltungsakts aus diesem Grunde bliebe erfolglos. Hinter der Folgenlosigkeitsanordnung trotz Fehlerhaftigkeit eines Verwaltungsakts steckt die Einsicht, dass es auf den (bloß formellen) Fehler nicht ankommen soll, wenn dieser die Entscheidung in der Sache nicht beeinflusst hat.

Ob die unterlassene Handlung für den Inhalt des Verwaltungsakts ursächlich war oder nicht, ist durch folgende Überlegung zu klären: Hätte der Verwaltungsakt seinem Inhalt nach anders erlassen werden müssen, wenn die unterlassene Handlung tatsächlich vorgenommen worden wäre? Falls nein, dann war sie nicht ursächlich und der Fehler bleibt folgenlos.

■ Lesen Sie § 46 VwVfG! ■

■ **Merke:** Heilung stets vor Folgenlosigkeit prüfen! ■

Umdeutung

Kann ein Fehler weder geheilt noch als folgenlos hingenommen werden, besteht letztlich noch die Möglichkeit, den rechtswidrigen Verwaltungsakt in einen rechtmäßigen Verwaltungsakt unter den Voraussetzungen des § 47 VwVfG **umzudeuten**. Die Voraussetzungen für eine Umdeutung sind sehr engmaschig. Die Umdeutung spielt in der Praxis daher kaum eine Rolle.

Materielle Fehler

Bei diesen sog. **Inhaltsfehlern** geht es regelmäßig um Fehler beim Tatbestand der Rechtsgrundlage und/oder um solche bei der Rechtsfolgenüberprüfung (insbesondere Verhältnismäßigkeit, Ermessensüberprüfung).

Zweckmäßigerweise prüfen Sie die Vernichtbarkeit eines Verwaltungsakts wegen Fehlerhaftigkeit in dieser Reihenfolge:

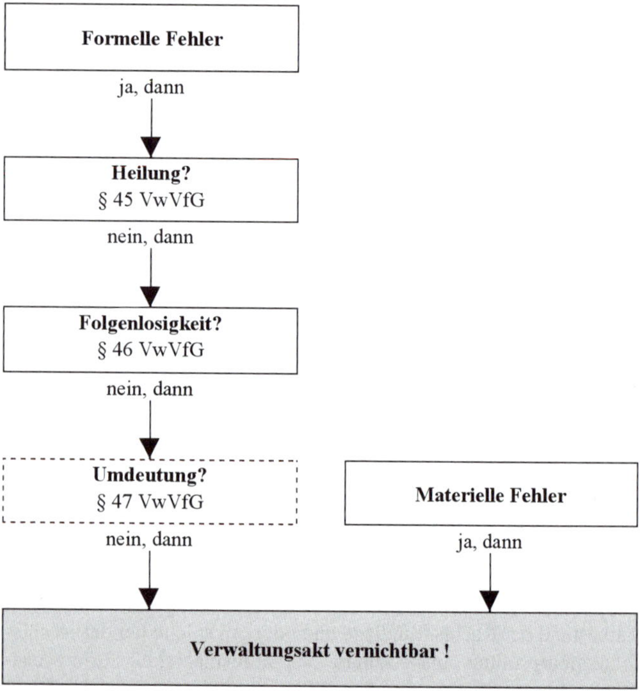

Fehlerart 3: unbeachtlicher Fehler

Offenbare Unrichtigkeiten beim **Willensausdruck** eines Verwaltungsakts sind nach § 42 VwVfG schlicht unbeachtlich. Der Verwaltungsakt bleibt wirksam und rechtmäßig.

■ Lesen Sie § 42 VwVfG! ■

Bei dieser Fehlerart ist allen Beteiligten klar, was die Verwaltung gewollt hat; der Verwaltung ist es bloß nicht gelungen, ihren Willen richtig auszudrücken.

Fehlerart 4: die Rechtsbehelfsbelehrung betreffender Fehler

In der Praxis wird nahezu jeder Verwaltungsakt mit einer Rechtsbehelfsbelehrung versehen, damit der betroffene Bürger erfährt, was er tun kann, falls er mit dem Verwaltungsakt nicht einverstanden ist. Rechtsbehelfe gegen Verwaltungsentscheidungen sind Widerspruch und Klage.

Erstaunlicherweise ist im VwVfG eine allgemeine Pflicht, einen Verwaltungsakt mit einer Rechtsbehelfsbelehrung zu versehen, nicht vorgeschrieben. Wenn aber die Rechtsbehelfsbelehrung völlig fehlt oder fehlerhaft ist, wird nach § 58 Abs. 2 VwGO aus der Monatsfrist für den Rechtsbehelf eine **Jahresfrist**. Der Verwaltungsakt bleibt wirksam und rechtmäßig (siehe zur Rechtsbehelfsbelehrung auch unten).

4.1.7 Rechtmäßigkeit

Die Rechtmäßigkeitsprüfung von Verwaltungsakten folgt unterschiedlichen Modellen, je nachdem, welche Wirkung der Verwaltungsakt für den Bürger hat.

Hier ist zu unterscheiden zwischen:
- belastenden Verwaltungsakten, die bereits erlassen sind und
- begünstigenden Verwaltungsakten, die der Bürger erst erstrebt.

Anfechtung - Prüfung von bereits erlassenen belastenden Verwaltungsakten

In dieser Situation will die Verwaltung etwas vom Bürger und belastet ihn mit der Entscheidung. Es geht hier um typische Fälle der **Eingriffsverwaltung**, die mit Geboten oder Verboten operiert.

Beispiel: Gewerbeuntersagung nach § 35 GewO.

Die Prüfung knüpft hier an das existierende „Produkt“ Verwaltungsakt an und klopft diesen auf Fehler ab.

Rechtsgrundlage für Eingriff

Formelle Rechtmäßigkeit
- Bekanntgabe
- Zuständigkeit
- Verfahren
- Form

Materielle Rechtmäßigkeit
- Tatbestandsprüfung
- Rechtsfolgenprüfung:

gebundene Entscheidung

Ermessen
- Ermessensfehler
- Verhältnismäßigkeit

Rechtsgrundlage

Im ersten Schritt prüfen Sie, ob der eingreifende Verwaltungsakt auf eine wirksame **gesetzliche Rechtsgrundlage** gestützt werden kann. Diese ist erforderlich nach dem Prinzip vom **Vorbehalt des Gesetzes**. Die richtige Rechtsgrundlage suchen Sie anhand der von der Verwaltung angeordneten Rechtsfolge. Sie fragen sich also, welche Rechtsnorm der Verwaltung die im konkreten Fall getroffene Anordnung ermöglicht. Die tatbestandsmäßigen Voraussetzungen der Rechtsgrundlage werden hier jedoch noch nicht geprüft.

In eher seltenen Fällen ist die Gültigkeit der Rechtsgrundlage selbst vorab zu prüfen. Dies ist nur dann der Fall, wenn der Sachverhalt Anlass zu Zweifeln bietet, ob die Rechtsgrundlage mit höherrangigem Recht (insbesondere Verfassungsrecht) vereinbar ist.

■ Zur Gültigkeitsprüfung der Rechtsgrundlage merken Sie sich: Bei geltenden Gesetzen sind Zweifel grundsätzlich unnötig und Sie verlieren hierzu kein Wort. Bei fiktiven Rechtsnormen, die in der Klausur auftauchen können, sind Zweifel eher angebracht. ■

Formelle Rechtmäßigkeit

Im zweiten Schritt prüfen Sie, ob der Verwaltungsakt **formell rechtmäßig** zustande gekommen ist, oder ob **formelle Fehler** vorliegen. Stellen Sie Fehler fest, kommt es darauf an, ob der Fehler schon zur Nichtigkeit des Verwaltungsakts führt. Ist das nicht der Fall, kommt es darauf an, ob der Fehler heilbar oder folgenlos ist. Folgende formelle Anforderungen müssen beachtet sein:

Bekanntgabe

Der Verwaltungsakt muss zunächst ordnungsgemäß **bekannt gegeben** worden sein, damit er überhaupt existiert.

Zuständigkeit

Hier ist regelmäßig zunächst zu prüfen, ob die Ausgangsbehörde für den Erlass des Verwaltungsaktes **zuständig** war. Ist dies nicht der Fall, ist der Verwaltungsakt formell rechtswidrig; dies kann in extremen Fällen auch zu dessen Nichtigkeit führen (vgl. § 44 Abs. 2 Nr. 3 VwVfG).

Die **örtliche Zuständigkeit** ergibt sich aus der allgemeinen Regelung des § 3 VwVfG, soweit sie nicht in Gesetzen des Besonderen Verwaltungsrechts speziell geregelt ist. Gemeint ist damit die räumliche Abgrenzung der sachlichen Befugnisse und Verpflichtungen. In der Regel ist die Behörde örtlich zuständig, in deren Bezirk die Angelegenheit anfällt (vgl. wegen der Einzelheiten § 3 Abs. 1 VwVfG). § 3 Abs. 4 VwVfG sieht eine Einzuständigkeit für unaufschiebbare Maßnahmen bei Gefahr im Verzug vor.

■ Lesen Sie § 3 VwVfG! ■

Normen über die **sachliche Zuständigkeit** finden sich in den Spezialgesetzen, in speziellen Rechtsverordnungen, Zuständigkeitsanordnungen etc. Hiermit ist die Berechtigung und auch Verpflichtung eines Verwaltungsträgers oder einer Behörde gemeint, im Einzelnen bestimmte Aufgaben der öffentlichen Verwaltung wahrzunehmen. Da der Vollzug der Gesetze im wesentlichen Landesaufgabe ist (vgl. Art. 84 GG), finden sich die Regeln zur sachlichen Zuständigkeit vor allem im Landesrecht. Es ist häufig nicht leicht, bei der Vielzahl von landesrechtlichen Zuständigkeitsregelungen die richtige Behörde herauszufinden.

Beispiel: In der Freien und Hansestadt Hamburg gibt es zu jedem Landesgesetz Zuständigkeitsanordnungen. Es trägt leicht zur Verwirrung bei, dass für ein Gesetz wie etwa das Hamburgische Wassergesetz nicht eine, sondern je nach Einzelaufgabe eine Vielzahl von Behörden zuständig ist.

Darüber hinaus gibt es die **instanzielle** Zuständigkeit, die zumeist zusammen mit der sachlichen Zuständigkeit geregelt wird. Sie bezeichnet die Stufe im Aufbau der Verwaltung, auf der die Aufgabe zu erfüllen ist, d. h. ob die untere, obere oder oberste Stufe zuständig ist.

Beispiel: Nach § 60 BauONW wird unterteilt in die oberste Bauaufsichtsbehörde (das zuständige Fachministerium), die obere (vor allem die Bezirksregierungen) sowie die unteren Bauaufsichtsbehörden (insbesondere die kreisfreien Städte und die Kreise).

Die Organisation der Landesverwaltungen befindet sich in einem recht dynamischen Restrukturierungsprozess; dadurch verändern sich, wie etwa kürzlich im Fall der Abschaffung der Bezirksregierungen in Niedersachsen, häufig auch die instanziellen Zuständigkeiten.

Die **funktionelle** Zuständigkeit betrifft die behördeninterne Aufgabenverteilung. Behörden sind in Ämter, Abteilungen, Dezernate, Referate etc. aufgeteilt. Aus dem internen Geschäftsverteilungsplan ergibt sich, welche Stelle genau für welche Aufgabe zuständig ist.

Die **Verbandszuständigkeit** schließlich setzt nicht bei der Behörde an, sondern weist die Zuständigkeit für bestimmte Aufgaben den Rechtsträgern zu, dem die Behörden angehören.

Beispiel: Bund, Land, Gemeinde, Universität etc.

▪ **Merke:** Achten Sie darauf, bei der Prüfung der Zuständigkeit immer den letzten Regelungsstand zur Verfügung zu haben. ▪

Verfahren

Das Verwaltungsverfahren ist grundsätzlich **nicht förmlich** ausgestaltet, es sei denn, es ist gesetzlich etwas anderes bestimmt (§ 10 VwVfG). Ein besonderer Fall des förmlichen Verfahrens ist beispielsweise das Planfeststellungsverfahren. Dieses ist in §§ 72 ff. VwVfG und in einer Reihe von Gesetzen des Besonderen Verwaltungsrechts geregelt; nur in diesen Fällen gelten besondere formellrechtliche Anforderungen an den Verwaltungsakt. Im Normalfall, also im nicht förmlichen Verwaltungsverfahren, sind lediglich die einzuhaltenden **allgemeinen Verfahrensvorschriften** zu beachten. Diese finden sich im Abschnitt zu den Grundsätzen des Verwaltungsverfahrens in §§ 9 – 30 VwVfG.

■ Lesen Sie die §§ 9 – 30 VwVfG! ■

Von Bedeutung sind insbesondere folgende Verfahrensgrundsätze:

- **Beteiligte** (§ 13 VwVfG) sind insbesondere Antragsteller und –gegner sowie weitere hinzugezogene Personen. Bei rechtsgestaltender Wirkung für einen Dritten sind diese notwendig hinzuzuziehen (§ 13 Abs. 2 Satz 2 VwVfG).
- **Vertretung** (14 VwVfG): bei der Vertretung durch einen Bevollmächtigten ist die Vollmacht schriftlich nachzuweisen (§ 14 Abs. 1 Satz 2 VwVfG). Personen, die geschäftsmäßig fremde Rechtsangelegenheiten besorgen, ohne dazu befugt zu sein, sind zurückzuweisen (§ 14 Abs. 5 VwVfG).
- **Mitwirkungsverbote** für ausgeschlossene Personen (§ 20 VwVfG): wer z. B. selbst Beteiligter oder Angehöriger eines Beteiligten ist, darf auf Behördenseite im Verwaltungsverfahren nicht tätig werden.
- **Besorgnis der Befangenheit** (§ 21 VwVfG): solange das Verwaltungsverfahren noch andauert, kann die Besorgnis der Befangenheit geltend gemacht werden. In diesem Fall muss der Behördenmitarbeiter seinen Vorgesetzten informieren und sich auf dessen Anweisung der Mitwirkung enthalten.
- **Amtssprache** (§ 23 VwVfG): die Amtssprache ist deutsch. Ggf. sind Übersetzungen einzureichen.

- **Untersuchungsgrundsatz** (§ 24 VwVfG): hiernach hat die Behörde von Amts wegen den Sachverhalt zu ermitteln. Man spricht auch vom Prinzip der materiellen Wahrheit. Das bedeutet, dass die Behörde den wirklichen Sachverhalt von Amts wegen aufzuklären hat. Im Gegensatz dazu steht der Grundsatz der formellen Wahrheit, auch Verhandlungs- oder Beibringungsgrundsatz genannt, im Zivilprozess. Danach kommt es grundsätzlich nur auf das an, was von den Parteien vorgebracht wurde. Der Untersuchungsgrundsatz gilt auch für sog. Gefahrerforschungseingriffe.

  Beispiel: Ob auf einem Grundstück industrielle Altlasten vorhanden sind, kann nach dem Bundes-Bodenschutzgesetz durch Untersuchungen zur Gefährdungsabschätzung festgestellt werden (§ 9 BBodSchG).

  Anders als im Zivilrecht gibt es grundsätzlich keine Beweislast im Verwaltungsverfahren. Allenfalls gilt bei Nichtaufklärbarkeit des Sachverhalts ("non liquet"), dass dies bei belastenden Verwaltungsakten zu Lasten der Behörde, bei begünstigenden zu Lasten des Bürgers geht. Obwohl daher an sich die Behörde von Amts wegen zur Ermittlung des Sachverhalts verpflichtet ist, bestehen auch Mitwirkungspflichten der Beteiligten.

  Beispiel: A möchte ein Haus bauen, weigert sich aber, Angaben über die vorgesehene Nutzung zu machen. Er muss damit rechnen, dass sein Bauantrag abgelehnt wird.

- **Beratung, Auskunft** (§ 25 VwVfG): die Behörde soll den Bürger insbesondere über die erforderlichen Anträge und ihre Rechte und Pflichten im Verwaltungsverfahren aufklären. Dies berechtigt sie jedoch nicht zu einer allgemeinen Rechtsberatung.

- **Beweismittel** (§ 26 VwVfG): Die Behörde kann Beweismittel nach Ermessen heranziehen, insbesondere kann sie Auskünfte jeder Art einholen, eine Anhörung Beteiligter durchführen, Zeugen und Sachverständige vernehmen, Urkunden und Akten beiziehen sowie Augenschein nehmen. Die Beweise sind analog § 108 VwGO nach dem Grundsatz der freien Beweiswürdigung zu behandeln. Die Entscheidung ist nach der freien, aus dem Gesamtergebnis des Verfahrens gewonnenen Überzeugung zu treffen

- **Anhörungspflicht** (§ 28 VwVfG): hiernach ist vor Erlass eines belastenden Verwaltungsakts dem Bürger Gelegenheit zu geben, sich zu den für die Entscheidung maßgeblichen Tatsachen zu äußern. Ihm ist also grundsätzlich **rechtliches Gehör** zu gewähren. Die Anhörung des Bürgers ermöglicht es der Verwaltung zugleich, zu prüfen, ob sie den Sachverhalt, den sie von Amts wegen ermitteln muss (§ 24 VwVfG), vollständig und richtig erfasst hat. Ob der Bürger allerdings die ihm eingeräumte Möglichkeit, Stellung zu nehmen nutzt, ist seine Sache. Es reicht aus, wenn ihm hierzu ausreichend Gelegenheit gegeben worden ist. Ausnahmsweise kann von der vorherigen Anhörung in den Fällen des § 28 Abs. 2 und Abs. 3 VwVfG abgesehen werden. Liegt auch ein Ausnahmefall nicht vor, besteht die Möglichkeit, diesen Fehler nach § 45 Abs. 1 Nr. 3 VwVfG zu heilen.
- **Akteneinsichtsrecht** (§ 29 VwVfG): während eines **anhängigen** Verwaltungsverfahrens besteht zugunsten des beteiligten Bürgers nach § 29 Abs. 1 VwVfG grundsätzlich ein Recht auf Einsicht in die Verwaltungsakten. Das Akteneinsichtsrecht **flankiert die Anhörungspflicht**. Ohne umfassende Kenntnis der entscheidungsrelevanten Tatsachen, die sich im Allgemeinen nur aus der Akte gewinnen lässt, ist häufig eine qualifizierte Stellungnahme des betroffenen Bürgers zum beabsichtigten Verwaltungsakt nicht möglich. Das Akteneinsichtsrecht darf nach § 29 Abs. 2 VwVfG beschränkt werden. Lehnt die Behörde Akteneinsicht ab, muss sie nach pflichtgemäßem Ermessen öffentliche und private Belange gegeneinander abwägen. Wird Akteneinsicht zu Unrecht nicht gewährt, besteht die Möglichkeit, diesen Fehler nach § 45 Abs. 1 Nr. 3 VwVfG analog zu heilen: zwar wird ein Verstoß gegen das Akteneinsichtsrecht als heilbarer Fehler in der Vorschrift nicht genannt. Da aber der Zweck des Akteneinsichtsrechts vor allem darin besteht, dem Bürger rechtliches Gehör zu verschaffen, ist die Heilungsmöglichkeit für Verstöße gegen die Anhörungspflicht analog heranzuziehen.
- **Geheimhaltung** (§ 30 VwVfG): Beteiligte an einem Verwaltungsverfahren haben Anspruch auf Geheimhaltung ihrer persönlichen sowie der Betriebs- und Geschäftsgeheimnisse. Eine befugte Offenbarung ist zulässig, wobei eine Güterabwägung er-

forderlich ist. Hintergrund des Rechts auf Geheimhaltung ist bzgl. der persönlichen Geheimnisse (Datenschutz) das Recht auf informationelle Selbstbestimmung (Ausfluss der Art. 2 Abs. 1 und 1 GG). Im Einzelnen wird dies in den Datenschutzgesetzen des Bundes und der Länder geregelt. Bzgl. der Betriebs- und Geschäftsgeheimnisse liegt die verfassungsrechtliche Grundlage in Art. 12 und 14 GG. Das Geschäftsgeheimnis bezieht sich auf den kaufmännischen, das Betriebsgeheimnis auf den technischen Bereich einer Information. Es muss sich um Tatsachen im Zusammenhang mit einem wirtschaftlichen Geschäftsbetrieb handeln, die nur einem begrenzten Personenkreis bekannt sind, der Informationsinhaber muss die Tatsache subjektiv geheim halten wollen (Geheimhaltungswille) und die Tatsache muss objektiv geheimhaltungsbedürftig sein.

Beispiele: Geschäftsgeheimisse können Ertrag, Bilanzen, Umsatz, Kalkulationen, Marktstrategien oder Kundenlisten sein. Betriebsgeheimnisse sind unter den genannten Voraussetzungen Angaben über Produktionsverfahren, Entwicklungs- und Forschungsprojekte oder zum Sabotageschutz.

Form

Ein Verwaltungsakt darf nach § 37 Abs. 2 VwVfG **grundsätzlich formfrei** ergehen; er kann schriftlich, elektronisch, mündlich oder in anderer Weise erlassen werden. Etwas anderes gilt nur, wenn eine bestimmte Vorschrift die Schriftform anordnet.

Beispiel: Eine Baugenehmigung bedarf nach § 75 Abs. 3 NBauO der Schriftform, der Widerspruchsbescheid nach § 73 VwGO muss - seiner Natur nach und weil er zugestellt werden muss – schriftlich ergehen.

Ein Verwaltungsakt, der schriftlich oder elektronisch erlassen wird, muss sich an die Anforderungen der §§ 37 Abs. 3, 39 VwVfG halten.

■ Lesen Sie § 37 und § 39 VwVfG! ■

Insbesondere zur **Begründungspflicht:**

Nach § 39 Abs. 1 VwVfG muss ein schriftlicher oder elektronischer Verwaltungsakt begründet werden. Dem Bürger sind die der Entscheidung zugrunde liegenden wesentlichen, tatsächlichen und rechtlichen Gründe mitzuteilen. Dies gilt insbesondere auch für die leitenden Gesichtspunkte bei einer Ermessensentscheidung. Ausnahmsweise kann von der erforderlichen Begründung in den Fällen des § 39 Abs. 2 VwVfG abgesehen werden. Liegt auch ein Ausnahmefall nicht vor, besteht die Möglichkeit, diesen Fehler nach § 45 Abs. 1 Nr. 2 VwVfG zu heilen. Für Ermessensentscheidungen ist durch § 114 S. 2 VwGO ausdrücklich klargestellt, dass selbst ergänzende Ermessenserwägungen von der Verwaltung im verwaltungsgerichtlichen Verfahren nachgeschoben werden dürfen.

Materielle Rechtmäßigkeit

Im dritten Schritt prüfen Sie schließlich, ob der Verwaltungsakt **materiell rechtmäßig** ist, d. h. ob **materielle Fehler**, also Inhaltsfehler, vorliegen.

Bestimmtheit

Zunächst einmal muss der Verwaltungsakt nach § 37 Abs. 1 VwVfG **inhaltlich bestimmt** sein. Der durchschnittlich begabte Bürger muss klar und eindeutig verstehen können, was die Verwaltung von ihm verlangt.

Beispiel: Einem Gaststättenbetreiber wird aufgegeben, den von seinem Lokal ausgehenden Lärm auf ein „vertretbares Maß" zu reduzieren. In diesem Fall ist unklar, was die Behörde von dem Bürger will.

Tatbestandsprüfung

Im Rahmen der Tatbestandsprüfung wird untersucht, ob der konkrete Sachverhalt sämtliche **Tatbestandsmerkmale** der Rechtsgrundlage ausfüllt. Hierzu sind die zu prüfenden einzelnen Tatbestandsmerkmale herauszuarbeiten. Unbestimmte Rechtsbegriffe müssen richtig ausgelegt bzw. definiert werden. Ist der Verwaltung ausnahmsweise ein Beurteilungsspielraum eingeräumt, sind die unbestimmten Rechtsbegriffe, die diesem Spielraum unterliegen, bei der Auslegung durch die Verwaltung lediglich auf Beurteilungsfehler zu überprüfen. Sind der Verwaltung Auslegungs- oder Rechtsanwendungsfehler unterlaufen, ist der Verwaltungsakt materiell rechtswidrig.

Rechtsfolgenprüfung

Im Rahmen der Rechtsfolgenprüfung ist zu differenzieren, ob die Rechtsgrundlage eine gebundene Entscheidung vorgibt oder der Verwaltung eine Ermessensentscheidung einräumt.

Handelt es sich um eine **gebundene Entscheidung**, ist lediglich zu prüfen, ob die von der Verwaltung gewählte Rechtsfolge auch derjenigen entspricht, die die Rechtsgrundlage vorgibt. Entspricht die getroffene Entscheidung der vorgegebenen Rechtsfolge, ist die Prüfung zu Ende. Die Rechtsfolge wird nicht etwa auf ihre Verhältnismäßigkeit untersucht, denn die Verwaltung hat auf der Rechtsfolgenseite keinen Spielraum. Nach dem Prinzip vom Vorrang des Gesetzes muss die Verwaltung die kraft Gesetzes vorgegebene Rechtsfolge sozusagen deklaratorisch nur noch feststellen.

Anders sieht es aus, wenn die Rechtsgrundlage der Verwaltung eine **Ermessensentscheidung** einräumt. Die Ermessensentscheidung ist dann auf Ermessensfehler zu überprüfen. Ferner muss die getroffene Entscheidung dem Grundsatz der Verhältnismäßigkeit genügen.

Verpflichtung - Prüfung von erstrebten begünstigenden Verwaltungsakten

In dieser Situation will der Bürger etwas von der Verwaltung und erstrebt mit der begehrten Entscheidung eine Erweiterung seines Rechtskreises. Es geht hier um typische Fälle der **Leistungsverwaltung**.

Beispiele: Bauerlaubnis, Gaststättenerlaubnis, Subventionsbewilligung.

Die Prüfung knüpft hier im Gegensatz zum oben erörterten Fall gerade nicht an ein existierendes „Produkt“ Verwaltungsakt an. Stattdessen wird untersucht, ob alle Voraussetzungen für den Erlass des Verwaltungsakts vorliegen. Im Grunde genommen ist die Rechtmäßigkeitsprüfung im Fall der Verpflichtung besser als Anspruchsprüfung zu bezeichnen.

Anspruchsgrundlage für Leistung

Formelle Voraussetzungen
- Antrag
- zuständige Behörde

Materielle Voraussetzungen
- Tatbestandsprüfung
- Rechtsfolgenprüfung:

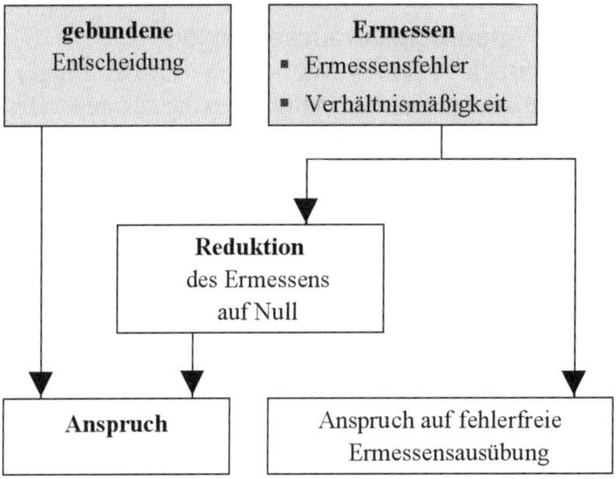

Anspruchsgrundlage

Im ersten Schritt prüfen Sie, ob es für den Erlass des begehrten Verwaltungsakts überhaupt eine wirksame **Anspruchsgrundlage** gibt. Eine gesetzliche Rechtsgrundlage ist im Bereich der Leistungsverwaltung zwar grundsätzlich nicht erforderlich aber selbstverständlich auch nicht hinderlich. Die Verwaltung muss stets den Grundsatz vom **Vorrang des Gesetzes** beachten. Als Anspruchsgrundlage kommt insbesondere Betracht:

- Rechtsnorm
- Zusicherung (§ 38 VwVfG)
- Öffentlich-rechtlicher Vertrag

- Verwaltungsvorschrift i. V. mit dem Gleichbehandlungsgrundsatz (Art. 3 Abs. 1 GG)

Sofern der Bürger den Erlass des begehrten Verwaltungsakts auf eine Rechtsnorm stützt, muss diese Rechtsnorm überhaupt **Anspruchsqualität** haben. Das ist nach der sog. **Schutznormtheorie** dann der Fall, wenn die Rechtsnorm nicht nur dem objektiven Interesse der Allgemeinheit, sondern zumindest auch dem Interesse des einzelnen Bürgers zu dienen bestimmt ist. Bei Rechtsnormen, die der Verwaltung ein Ermessen einräumen, besteht zumindest ein Anspruch auf fehlerfreie Ermessensausübung.

Formelle Anspruchsvoraussetzungen

Im zweiten Schritt prüfen Sie nur, ob sich der Bürger mit einem **form- und fristgerechtem Antrag** an die für den Erlass des Verwaltungsakts örtlich, sachlich und instanziell **zuständige Behörde** gewandt hat.

■ **Merke:** Sie prüfen niemals, ob die Ablehnung des Verwaltungsakts formell rechtmäßig war oder nicht, denn ein formeller Fehler bei der Ablehnung verschafft dem Bürger keinen Anspruch! ■

Materielle Anspruchsvoraussetzungen

Im dritten Schritt prüfen Sie schließlich, ob alle tatsächlichen und rechtlichen Voraussetzungen für den Erlass des Verwaltungsakts vorliegen.

Tatbestandsprüfung

Im Rahmen der Tatbestandsprüfung wird untersucht, ob im konkreten Fall sämtliche **Tatbestandsmerkmale** der Anspruchsgrundlage vorliegen.

Rechtsfolgenprüfung

Im Rahmen der Rechtsfolgenprüfung ist auch hier zu differenzieren, ob die Anspruchsgrundlage eine gebundene Entscheidung vorgibt oder der Verwaltung eine Ermessensentscheidung einräumt.

Handelt es sich um eine **gebundene Entscheidung**, hat der Bürger einen Anspruch auf den Verwaltungsakt, wenn die Tatbestandsprüfung ergeben hat, dass alle Tatbestandsmerkmale vorliegen.

Wenn die Anspruchsgrundlage der Verwaltung eine **Ermessensentscheidung** einräumt, ist diese auf Ermessensfehler zu überprüfen. Lassen sich Ermessensfehler feststellen, hat der Bürger nur dann einen Anspruch auf den konkreten Verwaltungsakt, wenn die Fehlerüberprüfung zu der Feststellung führt, dass eine **„Ermessensreduktion auf Null"** nur den konkreten Verwaltungsakt zulässt. Andernfalls hat der Bürger nur einen Anspruch auf fehlerfreie erneute Ermessensausübung durch die Verwaltung (sog. Bescheidungsurteil).

4.1.8 Rücknahme und Widerruf

Es wurde bereits dargestellt, dass die Wirksamkeit eines Verwaltungsakts endet, wenn er aufgehoben wird oder sich von selbst erledigt. Ein Verwaltungsakt kann innerhalb eines Rechtsbehelfs-/Rechtsmittelverfahrens z. B. durch den Widerspruchsbescheid oder ein Gerichtsurteil aufgehoben werden. Wird ein Verwaltungsakt außerhalb eines vom Bürger eingeleiteten Überprüfungsverfahrens auf eigene Initiative der Behörde aufgehoben, kann dies nur durch Rücknahme oder Widerruf geschehen.

Um einen Verwaltungsakt zurückzunehmen oder zu widerrufen, braucht die Behörde selbstverständlich eine **Rechtsgrundlage**. Sie kann hierzu auf die §§ 48, 49 VwVfG zurückgreifen, wenn es keine vorrangige spezialgesetzliche Regelung gibt.

Beispiele: Als Spezialgesetze verdrängen § 15 GastG und § 44 SGB X die allgemeinen Vorschriften der §§ 48, 49 VwVfG.

§ 48 VwVfG ermöglicht die **Rücknahme** ursprünglich, d. h. bei Erlass, **rechtswidriger Verwaltungsakte**. Hier geht es um die Umsetzung des Prinzips der Gesetzmäßigkeit der Verwaltung, kurz: die Rücknahme dient der Fehlerkorrektur. Es liegt ohne weiteres auf der Hand, dass die Beseitigung eines rechtswidrigen Verwaltungsakts geringere Hürden haben muss als die Aufhebung eines rechtmäßigen Verwaltungsakts. Dieser Unterschied wird sowohl in den unterschiedlich starken Anforderungen als auch in der gesetzlichen Formulierung zum Ausdruck gebracht: § 49 VwVfG ermöglicht den **Widerruf** ursprünglich **rechtmäßiger Verwaltungsakte**. Hier geht es darum, der Verwaltung ein effektives Instrumentarium an die Hand zu geben, mit dem sie nachträglich auf tatsächliche oder rechtliche Änderungen, die einen Verwaltungsakt betreffen, reagieren kann, kurz: der Widerruf dient der Anpassung an geänderte Verhältnisse.

Rücknahme rechtswidriger Verwaltungsakte

▪ Lesen Sie § 48 VwVfG! ▪

Es muss zwischen der Rücknahme belastender oder begünstigender Verwaltungsakte unterschieden werden.

Rücknahme belastender Verwaltungsakte
Dieser Fall ist in § 48 Abs. 1 S. 1 VwVfG geregelt und völlig unproblematisch. Wenn die Verwaltung einen belastenden Verwaltungsakt zurücknimmt, erfährt der Bürger schließlich eine „Rechtswohltat". Die Rücknahme ist jederzeit nach pflichtgemäßem Ermessen für die Zukunft und die Vergangenheit zulässig. Die Anforderungen sind hier so gering, weil weder die Rechtsordnung noch der Bürger ein besonderes Interesse am Fortbestand des Verwaltungsakts haben.

Rücknahme begünstigender Verwaltungsakte
Nach § 48 Abs. 1 S. 2 VwVfG ist die Rücknahme grundsätzlich nach pflichtgemäßem Ermessen zulässig, jedoch nur unter den Einschränkungen des § 48 Abs. 2 – 4 VwVfG und in der Regel nur mit Wirkung für die Zukunft. Im Fall der Rücknahme begünstigender Verwaltungsakte stehen sich das Interesse der Bürgers am Fortbestand der ihm günstigen Regelung (Vertrauensschutz) und das Interesse der Behörde an der Fehlerkorrektur entgegen. Die gesetzliche Regelung geht dabei vom grundsätzlichen Vorrang des Vertrauensschutzes aus.

Die eben skizzierte eingeschränkte Rücknahmemöglichkeit, die sogleich im Detail erläutert wird, gilt allerdings nur für zweiseitige Rechtsverhältnisse, bei denen also auf der einen Seite die Verwaltung und auf der anderen Seite ein einzelner Bürger steht. Die Rücknahmemöglichkeiten sind nicht eingeschränkt, wenn es um einen Verwaltungsakt mit Doppelwirkung geht, bei dem ein Dritter das Rechtsbehelfsverfahren durchführt. Mit anderen Worten: begünstigt der Verwaltungsakt den Adressaten und belastet einen Dritten, kann sich beim Adressaten kein schutzwürdiges Vertrauen bilden, wenn der Dritte mit Widerspruch oder Anfechtungsklage gegen den Verwaltungsakt vorgeht (§ 50 VwVfG).

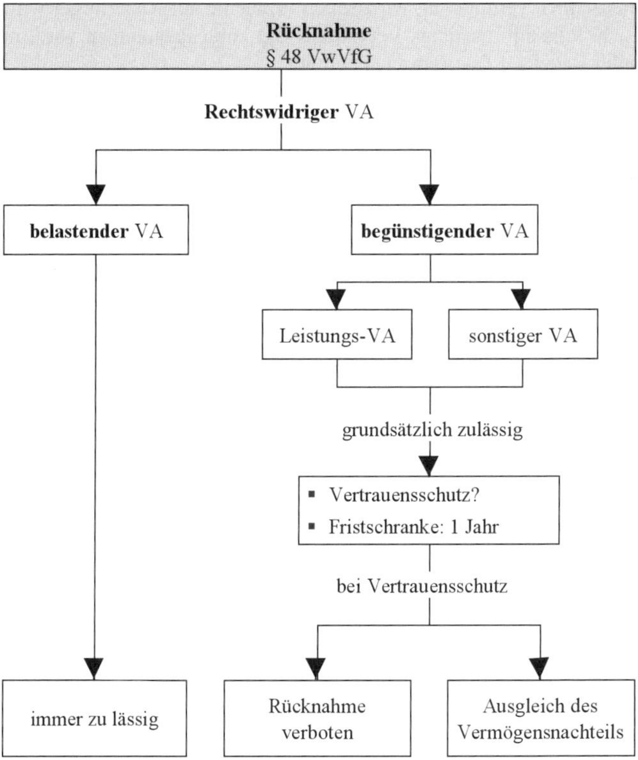

Der Fall des Leistungs-Verwaltungsakts

Ein Verwaltungsakt, der dem Bürger eine Geld- oder Sachleistung gewährt (kurz: Leistungs-Verwaltungsakt), darf nach § 43 Abs. 2 S.1 VwVfG nicht zurückgenommen werden, soweit

- der Bürger auf den Bestand des Verwaltungsakts **vertraut** hat und
- dieses Vertrauen unter **Abwägung** mit dem öffentlichen Rücknahmeinteresse objektiv **schutzwürdig** ist.

Die Frage, ob der Bürger auf den Bestand des Verwaltungsakts tatsächlich vertraut hat, wirft selten Probleme auf. Der Bürger wird sich, falls ein Leistungs-Verwaltungsakt zurückgenommen wird, in aller Regel auf das Vertrauen berufen.

Schwierigkeiten bereitet eher die Frage, ob das Vertrauen schutzwürdig ist. Nach dem **Positivkatalog** des § 48 Abs. 2 S. 2 VwVfG ist das Vertrauen in der Regel schutzwürdig, wenn der Bürger

- die Leistung verbraucht hat oder
- Vermögensdispositionen getroffen hat, die nicht mehr oder nur unter unzumutbaren Nachteilen rückgängig gemacht werden können.

Von einer Vermögensdisposition kann dann die Rede sein, wenn der Bürger seine Lebensführung finanziell längerfristig auf die Leistung eingerichtet hat.

Nach dem **Negativkatalog** von § 48 Abs. 2 S. 3 VwVfG ist das Vertrauen in den dort genannten Fällen nicht schutzwürdig: in den Fällen der Nr. 1 und 2 ist der Verwaltungsakt durch eigenes unlauteres Verhalten des Bürgers zustande gekommen. Im Fall der Nr. 3 weiß der Bürger von der Rechtswidrigkeit oder zumindest ist ihm diese grob fahrlässig unbekannt geblieben.

▪ Zweckmäßigerweise prüfen Sie den Negativkatalog stets vor dem Positivkatalog! ▪

Kann sich der Bürger nach dem Negativkatalog nicht auf Vertrauen berufen, findet keine weitere Interessenabwägung statt. Ist das Vertrauen dagegen schutzwürdig, ist eine **Interessenabwägung** vorzunehmen. Diese fällt nach der gesetzlichen Konzeption grundsätzlich zugunsten des Vertrauensschutzes aus, es sei denn, es lassen sich besondere Gründe feststellen, die ausnahmsweise für ein überwiegendes öffentliches Rücknahmeinteresse sprechen.

Ist das Vertrauen nicht schutzwürdig, kann die Behörde den Leistungs-Verwaltungsakt nach der **Fristschranke** des § 48 Abs. 4 VwVfG nur innerhalb von **einem Jahr ab Kenntnis** der Tatsachen, die die Rücknahme rechtfertigen, zurücknehmen. Die Jahresfrist gilt ausnahmsweise dann nicht, wenn der Bürger den Verwaltungsakt durch arglistige Täuschung, Drohung oder Bestechung erwirkt hat.

Die Frist beginnt, sobald der zuständige Amtswalter die vollständigen entscheidungserheblichen Tatsachen – ggf. nach entsprechender Aufklärung - festgestellt hat. Bis das der Fall ist, kann etliche Zeit verstrichen sein. Die Frist ist nach der umstrittenen Rechtsprechung des Bundesverwaltungsgerichts (BVerwGE 70, 356) als Entscheidungsfrist zu verstehen. Rechtsanwendungsfehler sind für den Fristenlauf jedoch unerheblich.

Liegen sämtliche Voraussetzungen für die Rücknahme vor, darf der Verwaltungsakt in der Regel nur mit Wirkung für die Zukunft zurückgenommen werden. Nur in den Fällen, in denen der Bürger den Verwaltungsakt mit unlauteren Mitteln erwirkt hat, also wenn einer der Fälle des § 48 Abs. 2 S. 3 VwVfG vorliegt, darf der Verwaltungsakt ausnahmsweise auch mit Wirkung für die Vergangenheit zurückgenommen werden (§ 48 Abs. 2 S. 4 VwVfG).

Sind die Voraussetzungen für die Rücknahme des Leistungs-Verwaltungsakts nicht gegeben, ist die Rücknahme des Verwaltungsakts verboten. Das schutzwürdige Vertrauen des Bürgers führt hier zu einem Rücknahmehindernis. Was auf den ersten Blick wie eine Selbstverständlichkeit klingt, wird deutlich, sobald der Fall sonstiger begünstigender Verwaltungsakte behandelt worden ist.

■ **Merke:** Im Fall des Leistungs-Verwaltungsakt gewährt § 48 Abs. 2 VwVfG Vertrauensschutz als Bestandsschutz! ■

Der Fall allgemein begünstigender Verwaltungsakte

Ein Verwaltungsakt, der den Bürger begünstigt, aber keine Leistung gewährt (z. B. Genehmigung, Erlaubnis), darf nach der Grundregel des § 48 Abs. 1 S. 2 VwVfG innerhalb der **Fristschranke** des § 48 Abs. 4 VwVfG zurückgenommen werden. Wenngleich die Rücknahme auch mit Wirkung für die Vergangenheit möglich ist, wird sich die beabsichtigte Wirkung der Rücknahme eines eingeräumten Rechts in der Regel auf die Zukunft erstrecken.

Im Unterschied zum Fall des Leistungs-Verwaltungsakts können sonstige begünstigende Verwaltungsakte auch dann zurückgenommen werden, wenn ein schutzwürdiges Vertrauen des Bürgers besteht. Dieses führt hier nicht zu einem Rücknahmehindernis; stattdessen ist dem Bürger auf Antrag der **Vermögensnachteil zu ersetzen**, den er dadurch erlitten hat, dass er auf den Bestand des Verwaltungsakts tatsächlich **vertraut** hat, soweit dieses Vertrauen unter Abwägung mit dem öffentlichen Rücknahmeinteresse objektiv **schutzwürdig** ist (§ 48 Abs. 3 S. 1 VwVfG). Auch hier gilt der Negativkatalog des § 48 Abs. 2 S. 3 VwVfG, wonach das Vertrauen in den dort genannten Fällen nicht schutzwürdig ist (§ 48 Abs. 3 S. 2 VwVfG)

▪ **Merke:** Im Fall des allgemein begünstigenden Verwaltungsakts gewährt § 48 Abs. 3 VwVfG Vertrauensschutz als Vermögensschutz! Eingeprägt hat sich auch der Satz: „Dulde und liquidiere!" ▪

Der Ausgleichsanspruch setzt voraus:

- Antrag des Bürgers
- Antragsfrist eingehalten: innerhalb von einem Jahr seit Hinweis der Behörde auf diese Frist (§ 48 Abs. 3 S. 5 VwVfG)
- Vermögensnachteil
- Bürger hat tatsächlich **vertraut**
- Vertrauen ist nach **Abwägung** mit öffentlichem Rücknahmeinteresse objektiv **schutzwürdig**

Modifikationen durch Europarecht

Europarechtliche Besonderheiten sind im **Subventionsrecht** zu beachten. Subventionsbescheide sind ein typischer Fall des Leistungs-Verwaltungsakts und können daher nur unter den für diese geltenden Voraussetzungen zurückgenommen werden.

Um der Verfälschung des Wettbewerbs entgegenzuwirken, müssen nationale Behörden beabsichtigte Beihilfen bei der Europäischen Kommission anmelden. Diese Beihilfen dürfen erst dann ausgezahlt werden, wenn die Kommission sie genehmigt hat (Art. 87 und 88 EGV). Stellt die Europäische Kommission fest, dass die Beihilfe gemeinschaftsrechtswidrig ist, ist dieses für die Bundesrepublik Deutschland nach Art. 249 Abs. 4 EGV bindend.

Die Rücknahme eines gemeinschaftsrechtswidrigen Subventionsbescheides richtet sich mangels vorrangiger europarechtlicher Vorschriften nach § 48 VwVfG. Damit das Gemeinschaftsrecht aber auch im Falle nationaler Rücknahmebeschränkungen zum Zuge kommt und **praktisch durchsetzbar** bleibt, gilt für die Rücknahme folgendes:

- die Abwägung nach § 48 Abs. 2 VwVfG fällt zugunsten der Rücknahme aus, weil die effektive Durchsetzung von Gemeinschaftsrecht den Vertrauensschutz des Bürgers überwiegt,
- das Rücknahmeermessen ist auf Null reduziert zur Rücknahmepflicht,
- die Fristschranke des § 48 Abs. 4 ist unanwendbar,
- der Bürger kann sich im Rahmen des § 49 a VwVfG bei Rückforderung nicht auf Entreicherung berufen.

Widerruf rechtmäßiger Verwaltungsakte

- Lesen Sie § 49 VwVfG!

Auch beim Widerruf muss wie schon bei der Rücknahme zwischen belastenden und begünstigenden Verwaltungsakten unterschieden werden.

Widerruf belastender Verwaltungsakte

Nach § 49 Abs. 1 S. 1 VwVfG ist der Widerruf grundsätzlich jederzeit nach pflichtgemäßem Ermessen mit Wirkung für die Zukunft zulässig.

Widerruf begünstigender Verwaltungsakte

Der Widerruf begünstigender Verwaltungsakte ist nach der gesetzlichen Konzeption grundsätzlich verboten und ausnahmsweise nur dann nach pflichtgemäßem Ermessen zulässig, wenn einer der abschließend genannten Widerrufsgründe nach § 49 Abs. 2 bzw. Abs. 3 VwVfG vorliegt.

Auch hier gelten die eingeschränkten Widerrufsmöglichkeiten nicht, wenn ein Dritter bei einem Verwaltungsakt mit Doppelwirkung das Rechtsbehelfsverfahren betreibt (§ 50 VwVfG).

Der Fall allgemein begünstigender Verwaltungsakte
Ein Verwaltungsakt, der den Bürger begünstigt, aber keine Leistung gewährt, darf nach § 49 Abs. 2 S. 1 VwVfG für die Zukunft nur widerrufen werden, wenn einer der in Nr. 1 – 5 genannten **Widerrufsgründe** vorliegt.

▪ **Merke:** Der Vertrauensschutz ist hier in die engen Tatbestandsvoraussetzungen der Widerrufsgründe eingearbeitet. Eine Abwägung findet nicht statt! ▪

Liegt ein Widerrufsgrund vor, kann die Behörde den - Verwaltungsakt nach der **Fristschranke** des § 48 Abs. 4 VwVfG (§ 49 Abs. 2 S. 2 VwVfG) nur innerhalb von **einem Jahr ab Kenntnis** der Tatsachen, die den Widerruf rechtfertigen, widerrufen. Es gelten hier die gleichen Anforderungen wie bei der Rücknahme von Verwaltungsakten.

Wird der Verwaltungsakt wegen eines Widerrufsgrundes der Nr. 3 – 5 widerrufen, ist dem Bürger auf Antrag der **Vermögensnachteil zu ersetzen**, den er dadurch erlitten hat, dass er auf den Bestand des Verwaltungsakts tatsächlich **vertraut** hat, soweit dieses Vertrauen objektiv **schutzwürdig** ist (§ 49 Abs. 6 VwVfG). Da es hier um die Entziehung rechtmäßig erlangter Rechtspositionen geht, wird das Vertrauen in der Regel schutzwürdig sein. Anders als bei der Rücknahmevorschrift wird im Rahmen der Prüfung der Schutzwürdigkeit keine Abwägung etwa mit dem öffentlichem Aufhebungsinteresse vorgenommen.

Der Entschädigungsanspruch setzt voraus:

- Antrag des Bürgers
- Antragsfrist eingehalten: innerhalb von einem Jahr seit Hinweis der Behörde auf diese Frist (§ 49 Abs. 6 S. 2 VwVfG , § 48 Abs. 3 S. 5 VwVfG)
- Vermögensnachteil
- Bürger hat tatsächlich **vertraut**
- Vertrauen ist objektiv **schutzwürdig**

Der Fall des Leistungs-Verwaltungsakts

Ein Leistungs-Verwaltungsakt darf ebenfalls nach § 49 Abs. 2 S. 1 VwVfG zurückgenommen werden, wenn ein dort genannter Widerrufsgrund vorliegt. Für Leistungsverwaltungsakte werden aber in § 49 Abs. 3 S. 1 VwVfG **zwei zusätzliche Widerrufsgründe** genannt, die einen Widerruf auch für die Vergangenheit ermöglichen.

Bei Leistungs-Verwaltungsakten ist der Widerruf ebenfalls nur innerhalb der **Fristschranke** des § 48 Abs. 4 VwVfG möglich.

Rückforderung und Verzinsung

Wenn ein **Leistungs-Verwaltungsakt** für die Vergangenheit aufgehoben worden ist, können nach § 49 a Abs. 1 S. 1 VwVfG die bereits erbrachten Leistungen zurückgefordert werden. Die Vorschrift ist also Rechtsgrundlage für einen Rückforderungsbescheid. Die zu erstattende Leistung muss durch einen schriftlichen Verwaltungsakt festgesetzt werden.

■ Lesen Sie § 49 a VwVfG! ■

Der Umfang der Erstattung richtet sich bis auf die Verzinsung nach den Vorschriften des Bürgerlichen Gesetzbuches über die ungerechtfertigte Bereicherung (§ 49 a Abs. 2 S. 1 VwVfG). Deren Rechtsfolgen gelten entsprechend. Daher erlischt der Erstattungsanspruch der Verwaltung, wenn der Bürger nachträglich entreichert ist. Auf **Entreicherung** kann sich der Bürger aber nicht berufen, soweit er die Umstände, die zur Aufhebung des Leistungs-Verwaltungsaktes führten, kannte oder ihm diese grob fahrlässig verborgen geblieben sind (§ 49 a Abs. 2 S. 2 VwVfG). Ferner kann er sich nicht auf Entreicherung berufen, wenn der Leistungs-Verwaltungsakt gemeinschaftsrechtswidrig war.

Der zu erstattende Betrag ist zu **verzinsen** (§ 49 a Abs. 3 VwVfG).

4.1.9 Vollstreckung

Der Zwangsvollstreckung von gerichtlichen Urteilen im Zivilrecht nach §§ 704 ff. ZPO entspricht im Verwaltungsrecht die zwangsweise Durchsetzung von Verwaltungsakten. Allerdings gelten hier andere Regeln. Die Verwaltung benötigt keinen vollstreckbaren

Titel in Form eines gerichtlichen Urteils, und sie muss auch keinen Gerichtsvollzieher beauftragen, vielmehr kann sie die Vollstreckung allein auf der Grundlage eines Verwaltungsaktes in eigener Kompetenz durchführen. Sie kann ggf. sogar fehlerhafte Verwaltungsakte zwangsweise durchsetzen.
Dabei hat die Verwaltung die Verwaltungsvollstreckungsgesetze des Bundes bzw. der Länder anzuwenden. Für die Vollstreckung durch Behörden des Bundes ist das VwVG des Bundes, für die in der Praxis wichtigere Vollstreckungstätigkeit der Länder das jeweilige Landesgesetz anzuwenden. Die folgende Darstellung beschränkt sich auf das VwVG des Bundes.

▪ Überlegen Sie, ob Bundes- oder Landesrecht anzuwenden ist! ▪

Das VwVG unterscheidet zwischen der Vollstreckung wegen Geldforderungen und der Erzwingung von Handlungen, Duldungen oder Unterlassungen.

Geldforderungen:

Nach den §§ 1 ff. VwVG werden insbesondere Gebühren und Beiträge, aber auch Zwangsgelder und Geldbußen beigetrieben.

▪ **Achtung:** Widersprüche hiergegen haben nach § 80 Abs. 2 Nr. 1 VwGO keine aufschiebende Wirkung. ▪

Da die Abgabenordnung (AO) vorrangig ist (vgl. § 1 Abs. 3 VwVG), ist das VwVG auf Steuern nicht anwendbar.
Die Behörde, die den Geldleistungsanspruch geltend macht, trifft nach § 3 Abs. 1 VwVG eine sog. Vollstreckungsanordnung gegenüber der eigentlichen Vollstreckungsbehörde gemäß § 4 VwVG. In dieser Anordnung liegt noch kein Verwaltungsakt, es handelt sich lediglich um eine interne Mitteilung als Vorstufe des späteren Vollstreckungs-Verwaltungsakts. In § 3 Abs. 2 VwVG werden folgende Voraussetzung für die Einleitung der Vollstreckung genannt:

- das Vorliegen eines **Leistungsbescheids** mit Aufforderung an den Schuldner zur Leistung,
- die **Fälligkeit** der Leistung sowie
- der Ablauf einer **Frist von einer Woche** seit Bekanntgabe des Leistungsbescheides oder nach Eintritt der Fälligkeit.

Weiterhin soll eine Woche vor der Vollstreckungsanordnung eine Mahnung an den Schuldner mit einer Zahlungsfrist von einer Woche erfolgen (§ 3 Abs. 3 VwVG). Im übrigen gilt für das Verfahren die AO (§ 5 Abs. 1 VwVG). Gegen Maßnahmen der Vollstreckung ist grundsätzlich der Verwaltungsrechtsweg eröffnet (vgl. BVerwGE 54, 314, 316).

Die eigentliche Vollstreckung erfolgt wie im Zivilrecht bei beweglichen Sachen durch Pfändung (der berüchtigte „Kuckuck"); bei Immobilien wird eine Zwangshypothek eingetragen, als letztes Mittel kann das Grundstück zwangsversteigert werden.

Handlungen, Duldungen und Unterlassungen:
§ 6 Abs. 1 VwVG regelt die Durchsetzung von Verwaltungsakten, die auf die Herausgabe einer Sache, die Vornahme einer Handlung oder auf Duldung oder Unterlassung gerichtet sind. Es wird zunächst ein Grundverwaltungsakt erlassen, der dann im sog. gestreckten Verfahren vollstreckt wird.

Dieser Grundverwaltungsakt muss:
- **wirksam** sein (s. oben),
- **vollstreckungsfähig** sein, also den Betreffenden zu bestimmten Handlungen, Duldungen oder Unterlassungen verpflichten und
- **bestandskräftig** oder zumindest **sofort vollziehbar** sein (s. dazu unten).

Ausnahmsweise ist eine unmittelbare Ausführung ohne vorhergehenden Grundverwaltungsakt zur Abwendung einer drohenden Gefahr (§ 6 Abs. 2 VwVG) möglich.

Beispiel: In einem Sturm fällt ein Baum von einem Privatgrundstück auf die Strasse und behindert den Verkehr. Die zuständige Behörde, in der Regel die Feuerwehr, kann diesen ohne weiteres entfernen.

In den §§ 9 – 12 VwVG werden die zur Verfügung stehenden Zwangsmittel näher beschrieben. § 9 Abs. 2 VwVG betont den Verhältnismäßigkeitsgrundsatz. Danach muss z. B. immer das mildeste mögliche Zwangsmittel ausgewählt werden. Die Zwangsmittel sind folgende:

- **Ersatzvornahme** (§ 10 VwVG); hiernach kann die Behörde bei vertretbaren Handlungen einen Dritten damit beauftragen, die Handlung vorzunehmen.

  Beispiel: Die Behörde beauftragt einen Abschleppunternehmer damit, einen im Halteverbot parkenden PKW zu entfernen.

  ▪ **Achtung:** Bei Streitigkeiten um die Ersatzvornahme geht es regelmäßig um die Frage, wer hierfür die Kosten zu tragen hat. ▪

- **Zwangsgeld** (§ 11 VwVG); dies ist insbesondere bei unvertretbaren Handlungen geeignet, um die aufgegebene Handlung, Duldung oder Unterlassung durchzusetzen. Nach § 11 Abs. 1 Satz 2 VwVG ist bei vertretbaren Handlungen grundsätzlich die Ersatzvornahme vorzuziehen. Wird das Zwangsgeld nicht gezahlt, kann durch das Verwaltungsgericht für die Dauer von bis zwei Wochen eine Ersatzzwangshaft angeordnet werden (§ 16 VwVG).

  Beispiel: Gegen einen Gastwirt wird ein Zwangsgeld festgesetzt, weil er gegen eine Anordnung zum Lärmschutz verstoßen hat.

- Als letztes Mittel, wenn Ersatzvornahme oder Zwangsgeld nicht zum Ziel führen, ist der unmittelbare Zwang nach § 12 VwVG möglich. Die Behörde kann den Pflichtigen entweder zu der Handlung zwingen oder sie kann diese auch selbst vornehmen.

  Beispiel: Teilnehmer an einer Sitzblockade werden nach Auflösung der Versammlung von den Polizisten weggetragen.

Die Durchsetzung von Handlungen, Duldungen oder Unterlassungen geschieht in drei Stufen:

- Zunächst ist das Zwangsmittel **anzudrohen** (§ 13 VwVG). Diese kann bereits in den Ausgangs-Verwaltungsakt aufgenommen werden und ist selbst ein Verwaltungsakt. Gegen sie sind dieselben Rechtsmittel wie gegen den zugrunde liegenden Verwaltungsakt zulässig (§ 18 VwVG). Die Androhung muss schriftlich erfolgen und sich auf ein bestimmtes Zwangsmittel, z. B. ein genau beziffertes Zwangsgeld beziehen. Ferner muss eine Frist für die Erfüllung der Pflicht aus dem zu vollstreckenden Verwaltungsakt genannt werden.

- Auf der nächsten Stufe ist das Zwangsgeld nach Ablauf der Frist **festzusetzen** (§ 14 VwVG).
- Danach wird das Zwangsmittel entsprechend der Festsetzung **angewendet** (§ 15 VwVG). Bei Widerstand des Pflichtigen gegen die Ersatzvornahme oder den unmittelbaren Zwang kann Gewalt unter Zuhilfenahme der Polizei eingesetzt werden. Ist der Zweck erreicht, ist der Vollzug einzustellen.

Die Kosten für Maßnahmen der Verwaltungsvollstreckung hat der Pflichtige zu tragen (§ 19 VwVG).

4.2 Öffentlich-rechtlicher Vertrag

4.2.1 Arten

Wie im Privatrecht können auch im öffentlichen Recht Verträge abgeschlossen werden, (siehe die Legaldefinition in § 54 Abs. 1 VwVfG).

- Lesen Sie §§ 54, 55, 56 VwVfG!

Sie unterscheiden sich von privatrechtlichen Verträgen dadurch, dass sie inhaltlich dem öffentlichen Recht zuzuordnen sind. Dabei können sowohl juristische Personen des öffentlichen Rechts untereinander als auch juristische Personen des öffentlichen Rechts mit Privatpersonen Verträge schließen. Der öffentlich-rechtliche Vertrag gibt der Verwaltung die Möglichkeit, in Kooperation mit dem Bürger und damit flexibler zu handeln als dies mit den eher starren Regelungen des einseitigen Verwaltungsakts möglich ist. Es werden zwei Formen des öffentlich-rechtlichen Vertrages unterschieden:

- **Subordinationsrechtliche Verträge** sind nach der Legaldefinition des § 54 S. 2 VwVfG alle Verträge, die eine Behörde mit einem Bürger schließt, an den sie in der Sache ebenso auch einen Verwaltungsakt richten könnte. Die Behörde steht in diesen Fällen zu ihrem Vertragspartner in einem Über- und Unterordnungsverhältnis.

  Beispiele: Zahlung der Kosten einer Ersatzvornahme; Rückzahlung von Subventionen, Erschließungsverträge.

Der Vergleichsvertrag aus § 55 VwVfG und der Austauschvertrag aus § 56 VwVfG sind keine eigenständigen Vertragstypen sondern lediglich Unterfälle des subordinationsrechtlichen Vertrages.
Kennzeichnend für den **Vergleichsvertrag** ist, dass bestehende Unsicherheiten in der Würdigung des Sachverhalts und der Rechtslage durch gegenseitiges Nachgeben der Parteien beseitigt werden.

Beispiele: Regelung der Frage, wer die Unterhaltslast für einen landwirtschaftlichen Weg trägt; Einigung zwischen Gemeinde und Grundstückseigentümer über die Höhe der Erschließungskosten.

Voraussetzung des **Austauschvertrages** ist, dass der Leistung der Behörde als Kompensation eine angemessene Gegenleistung des Vertragspartners gegenübersteht. Diese muss für einen bestimmten Zweck ausdrücklich vereinbart werden (Bestimmtheitsgebot) und in sachlichem Zusammenhang mit der Leistung der Behörde stehen (Kopplungsverbot). Ferner muss sie der Erfüllung öffentlicher Aufgaben dienen (Zweckgebot) und angemessen sein (Angemessenheit oder Verhältnismäßigkeit im engeren Sinne).

Beispiele: Baudispensverträge über Befreiungen der Stellplatzpflicht und Geldzahlungen zum Bau eines Parkhauses als Gegenleistung; Subventionszahlungen und als Gegenleistung die Verpflichtung, eine bestimmte Anzahl an Arbeitsplätzen zu schaffen.

- Koordinationsrechtliche Verträge sind dagegen all jene Verträge, die die Verwaltung mit einem Vertragspartner schließt, mit dem sie jedenfalls in Bezug auf diesen Vertragsgegenstand gleichgestellt ist.

Beispiele: Eingemeindungsverträge, Zusammenschluss mehrerer Gemeinden zu einem Abwasserzweckverband

4.2.2 Zulässigkeit

Die Prüfung der Rechtmäßigkeit eines öffentlich-rechtlichen Vertrages erfolgt in drei Schritten. In einem ersten Schritt ist zu prüfen, ob die Verwaltung überhaupt in der Form des öffentlich-rechtlichen

Vertrages handeln durfte. Daran schließt sich die Prüfung an, ob der Vertrag ordnungsgemäß zustande gekommen ist. Zum Abschluss wird geprüft, ob der Inhalt des Vertrages den rechtlichen Anforderungen genügt.

Öffentlich-rechtlicher Vertrag als zulässige Handlungsform

Soweit das Gesetz die Regelung durch Vertrag nicht ausdrücklich untersagt (sog. Vertragsformverbote) oder eine bestimmte Handlungsform vorgibt, kann die Verwaltung in Form des öffentlich-rechtlichen Vertrages handeln.

Verstöße gegen das Vertragsformgebot führen gemäß § 59 Abs. 1 VwVfG i. V. mit § 134 BGB zur Nichtigkeit des öffentlich-rechtlichen Vertrages.

Vertragsschluss

Bestehen gegen die Handlungsform des öffentlich-rechtlichen Vertrags keine Bedenken, ist zu prüfen, ob der Vertrag ordnungsgemäß zustandegekommen ist. Hier ist insbesondere darauf zu achten, dass für den öffentlich-rechtlichen Vertrag Schriftform vorgeschrieben ist, § 57 VwVfG. Ein Dritter, in dessen Rechte durch den Vertrag eingegriffen wird, muss dem Vertragsschluss ebenfalls schriftlich zustimmen, § 58 VwVfG. Ferner sind Mitwirkungsvorbehalte anderer Behörden zu beachten; nach § 58 Abs.2 VwVfG ist ein Vertrag solange schwebend unwirksam, bis die Behörde die erforderliche Mitwirkungshandlung vorgenommen hat.

■ Bitte beachten Sie, dass über § 62 VwVfG die Vorschriften des BGB für den öffentlich-rechtlichen Vertrag entsprechend gelten, also auch die des Vertragschlusses. ■

Vertragsinhalt

Inhaltliche Grenzen des öffentlich-rechtlichen Vertrages ergeben sich durch den Vorrang des Gesetzes, wonach die Verwaltung an bestehende Gesetze gebunden ist. Der Vertragschluss darf demnach nicht dazu führen, dass die Verwaltung sich zugunsten des Bürgers über geltendes Recht hinwegsetzt. Ferner darf sie keine Gegenleistung für Handlungen verlangen, zu denen sie nach dem Gesetz verpflichtet ist.

4.2.3 Rechtsfolgen bei Fehlern

Der fehlerhafte öffentlich-rechtliche Vertrag ist in § 59 VwVfG geregelt, wobei dort lediglich die Fälle der Nichtigkeit normiert sind. Ein öffentlich-rechtlicher Vertrag, der nicht nichtig i. S. des § 59 VwVfG ist, ist rechtswidrig. Rechtswidrige öffentlich-rechtliche Verträge sind trotzdem rechtswirksam. Sie können nicht wie Verwaltungsakte angefochten oder zurückgenommen werden. Einzige Möglichkeit, die die Parteien haben, ist den Vertrag einvernehmlich aufzuheben oder zu ändern.

Ein öffentlich-rechtlicher Vertrag ist dagegen nichtig, wenn

- sich die Nichtigkeit aus der entsprechenden Anwendung von Vorschriften des BGB ergibt, § 59 Abs. 1 VwVfG. Zu denken ist hier insbesondere an §§ 105 ff., 116-118, 119 ff. i. V. mit §§ 142, 125, 134, 138.
- ein Verwaltungsakt entsprechenden Inhalts nichtig wäre, § 59 Abs. 2 VwVfG. Dies gilt allerdings nur für subordinationsrechtliche Verträge.
- ein Teil des Vertrages nichtig ist und anzunehmen ist, dass der Vertrag ohne den nichtigen Teil nicht geschlossen worden wäre, § 59 Abs. 3 VwVfG.

▪ Lesen Sie § 59 VwVfG! ▪

4.3 Plan

Pläne sind der Versuch der Verwaltung, Prozesse für die Zukunft zu steuern. Es gibt eine Vielzahl unterschiedlicher Pläne wie z. B. Haushalts-, Raumordnungs-, Entwicklungs- und Bedarfspläne. Pläne können rechtsverbindliche Wirkung für den Bürger haben, wie etwa Bebauungspläne. Sie können aber auch lediglich behördenintern wirken, wie etwa Krankenhausbedarfspläne.

4.4 Informelles Verwaltungshandeln

Informelles Verwaltungshandeln ist nicht auf die Herbeiführung von Rechtsfolgen gerichtet, sondern will einen tatsächlichen Erfolg herbeiführen. Es fehlt am Merkmal der Regelung, wie es beim

Verwaltungsakt und beim öffentlich rechtlichen Vertrag vorliegen muss. Informelles Verwaltungshandeln unterliegt keiner bestimmten Form. Deshalb wird es auch schlichtes Verwaltungshandeln genannt.

4.4.1 Arten

Es werden folgende Arten des schlichten Verwaltungshandelns unterschieden:

- **Mitteilungshandlungen**: ihr Inhalt ist die Abgabe von unverbindlichen Wissenserklärungen.

  Beispiele: Auskünfte, Warnungen, Äußerung einer Rechtsansicht.

- **Ausführungshandlungen**: sie setzen eine Verwaltungsmaßnahme in die Tat um.

  Beispiele: Errichtung eines Verwaltungsgebäudes, Aufstellen eines Verkehrsschildes

- **Sonstige tatsächliche Handlungen (Realakte)**: diese lassen sich nicht in die beiden oben genannten Arten des schlichten Verwaltungshandelns einordnen. Sie können ihre Wirkung auf den Bürger erstrecken oder ein verwaltungsinterner Vorgang sein.

  Beispiele: Reinigung und Instandsetzung von Straßen, Kassenprüfung, Immissionen nicht-genehmigungsbedürftiger Anlagen (Sportplätze, Feuerwehrsirenen, Glockenläuten)

- **Informelle Verwaltungsabsprachen**: dabei handelt es sich um Absprachen im Vorfeld des Erlasses von Verwaltungsakten oder öffentlich-rechtlichen Verträgen. Sie dienen der Klärung der Interessen beider Seiten und sollen zu einer Verständigung beitragen. Informelle Verwaltungsabsprachen haben keine Bindungswirkung, sorgen aber für ein effektiveres Verwaltungsverfahren, da mit Rechtsmitteln gegen den Verwaltungsakt oder den Vertrag nicht zu rechnen ist.

4.4.2 Rechtmäßigkeitsvoraussetzungen

Die **formelle Rechtmäßigkeit** des schlichten Verwaltungshandelns ist gegeben, wenn die Behörde im Rahmen ihrer Zuständigkeit tätig geworden ist.

Bei der Prüfung der materiellen Rechtmäßigkeit des schlichten Verwaltungshandelns ist, wie für das übrige Verwaltungshandeln auch, auf den Vorrang und den Vorbehalt des Gesetzes abzustellen. Auch Realakte können in rechtlich beachtliche Grundrechtspositionen eingreifen. Gesetzliche Regelungen für die Vornahme von Realakten gibt es kaum. Es kann aber davon ausgegangen werden, dass in der Ermächtigung der Verwaltung zum Erlass von Verwaltungsakten auch die Ermächtigung zur Umsetzung dieses Verwaltungsakts liegt. Für den Bereich der Öffentlichkeitsarbeit der Bundesregierung, insbesondere Warnungen und Empfehlungen, hat das BVerwG (NVwZ 1994, 162 ff; NJW 1991, 1770 ff; NJW 1998, 2272 ff) die Ermächtigung direkt aus dem Grundgesetz abgeleitet.
Darüber hinaus gilt für die materielle Rechtmäßigkeit, dass Realakte nicht unverhältnismäßig sein dürfen.

4.4.3 Rechtsschutz

Gegen bevorstehende Realakte kann der Bürger einen öffentlich-rechtlich Unterlassungsanspruch gemäß §§ 906, 1004 BGB analog geltend machen, wenn dessen Voraussetzungen gegeben sind.

Beispiel: Besondere Bedeutung hat dieser Anspruch gegenüber dem Lärm von Sportplätzen, Glockengeläut, Feuerwehrsirenen. Siehe dazu vor allem BVerwGE 68, 62 ff.; 79, 254 ff.; 81, 197 ff.

Zur Beseitigung der Folgen von Realakten kann man sich auf den Folgenbeseitigungsanspruch stützen.

Die richtige Klagart zur Durchsetzung der obigen Ansprüche im Verwaltungsstreitverfahren ist die allgemeine Leistungsklage als Klage auf Unterlassung oder Beseitigung des durch den Realakt geschaffenen Zustands.

5 Verwaltungsrechtsschutz

5.1 Außergerichtlicher Rechtsschutz

5.1.1 Petitionen

Das Petitionsrecht ergibt sich aus Art. 17 GG. Es gibt jedem das Recht, sich allein oder mit anderen an die zuständigen Stellen, d. h. jegliche Träger der Verwaltung (Verwaltungspetition), und an die Volksvertretungen, d. h. Bundes- und Landesparlamente (Parlamentspetition), zu wenden. Das Petitionsrecht ist sozusagen ein „allgemeines Meckerrecht". Der Bürger kann sich mit all seinen Sorgen und Anliegen an die oben genannten Stellen wenden. Abgesehen von der Schriftform ist er an keinerlei Form und Frist gebunden. Deswegen werden sie auch formlose Rechtsbehelfe genannt. Zwar werden sie häufig mit dem Kürzel "fff" als form-, frist- und fruchtlos bezeichnet, jedoch sind sie als ergänzende Rechtsbehelfe oder anstelle von förmlichen Rechtsbehelfen wie Widerspruch und Klage in bestimmten Situationen sinnvoll.

Man unterscheidet drei Arten:

- Gegenvorstellungen sind Beanstandungen an die Behörde mit dem Ziel, diese möge eine Maßnahme überprüfen und ändern oder aufheben.
- Aufsichtsbeschwerde sind Anträge auf Überprüfung durch die übergeordnete Aufsichtsbehörde.
- Dienstaufsichtsbeschwerden beziehen sich auf das persönliche Verhalten eines Behördenmitarbeiters.

Diese Rechtsbehelfe haben weder Suspensiv- noch Devolutiveffekt.

Beispiel: A betreibt ein Einzelhandelsgeschäft für Damenoberbekleidung. Ihm wurde eine Genehmigung, leichtbekleidete Models im Schaufenster vorzuführen, gemäß § 33 a GewO verweigert. Ihm liegt letztlich nicht viel daran, so dass er auf keinen einen ungewissen Prozess mit Kostenfolgen riskieren möchte. Er erhebt eine einfache Gegenvorstellung, denn diese kostet ihn lediglich das Briefporto.

5.1.2 Widerspruchsverfahren

Allgemeines

Das Widerspruchsverfahren nach den §§ 68 ff. VwGO ist das spezielle verwaltungsinterne Verfahren zur Überprüfung der Recht- und Zweckmäßigkeit eines VA. Da es grundsätzlich vor der Erhebung der verwaltungsgerichtlichen Klage erfolgt, wird es auch als Vorverfahren bezeichnet.

Es dient drei verschiedenen Zwecken:

- dem Rechtsschutz des Bürgers,
- der Selbstkontrolle der Verwaltung sowie der
- Entlastung der Verwaltungsgerichte.

§ 79 VwVfG verweist für das Widerspruchsverfahren auf die VwGO; im übrigen gelten aber auch die Regeln des VwVfG, z. B. im Hinblick auf die Kostenerstattung im Vorverfahren nach § 80 VwVfG.

Der Ablauf eines Widerspruchsverfahrens sieht im Überblick wie folgt aus (nach Oberrath, Öffentliches Wirtschaftsrecht, 1999, S. 215):

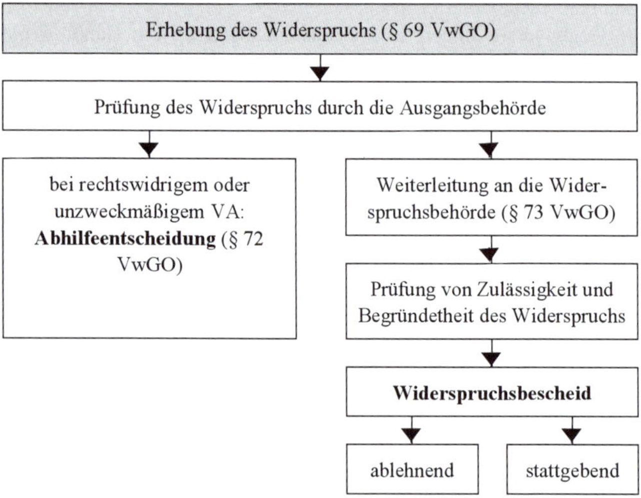

Das Widerspruchsverfahren beginnt mit Erhebung des Widerspruchs nach § 69 VwGO. Wie bei jedem anderen förmlichen Rechtsbehelf entstehen dadurch regelmäßig zwei Wirkungen:

- **Suspensiveffekt**, d. h. die aufschiebende Wirkung nach § 80 Abs. 1 VwGO (s. unten) sowie
- **Devolutiveffekt** (lat. devolvere, abwälzen), d. h. nach § 73 VwGO ist grundsätzlich die nächst höhere Behörde für die Entscheidung über den Widerspruch zuständig.

Zunächst bekommt jedoch die Ausgangsbehörde, die den VA erlassen hat, im sog. Abhilfeverfahren noch einmal die Möglichkeit, diesen zu überprüfen (§ 72 VwGO). Sie hat die Möglichkeit, einen sog. Abhilfebescheid zu erlassen, indem sie dem Widerspruch stattgibt. Hält sie ihren Bescheid dagegen aufrecht, gibt sie ihn mit einer Stellungnahme versehen an die zuständige Widerspruchsbehörde weiter.

Nach § 68 Abs. 1 VwGO hat sie dabei nicht nur die Recht-, sondern auch die Zweckmäßigkeit der von der Ausgangsbehörde getroffenen Entscheidung zu prüfen. Insoweit ist die Prüfungsbreite daher größer als im gerichtlichen Klageverfahren. Jedoch ist zu beachten, dass dies grundsätzlich nur im Rahmen von Ermessensentscheidungen gelten kann, so dass regelmäßig auch kein Rechtsanspruch auf eine bestimmte Zweckmäßigkeitsentscheidung gegeben ist. Bei gebundenen Entscheidungen bleibt kein Raum für eine Zweckmäßigkeitsprüfung.

▪ **Merke:** Die Widerspruchsbehörde prüft bei Ermessensentscheidungen die Recht- und Zweckmäßigkeit eines Verwaltungsakts. ▪

Dabei kann es zur Überraschung des Widerspruchsführers passieren, dass der Widerspruchsbescheid für ihn schlechter ausfällt als der Ausgangs-Verwaltungsakt. Diese sog. reformatio in peius ist grundsätzlich zulässig. In der Praxis ist sie aber nur von geringer Bedeutung, da der Widersprechende es in der Hand hat, durch rechtzeitige Rücknahme des Widerspruchs das Verfahren zu beenden.

Beispiel: Ein Student legt Widerspruch gegen einen BaföG-Bescheid ein, weil er die darin zugesagte Summe für zu niedrig hält. Im Widerspruchsverfahren stellt sich heraus, dass ein zu großer Betrag errechnet wurde. Im Widerspruchsbescheid wird dann der Betrag des Ausgangsbescheids noch einmal gekürzt.

Wie bei allen anderen Rechtsmitteln (zu den verwaltungsgerichtlichen Klagen s. unten) ist bei der Bearbeitung einer Fallaufgabe zunächst die **Zulässigkeit** des Widerspruchs zu prüfen. Hierbei geht es um die Frage, ob der Widerspruch nach den Regelungen der VwGO das im konkreten Fall richtige Rechtsmittel ist. Anschließend geht es um die Prüfung der **Begründetheit** des Widerspruchs. Dabei kommt es darauf an, ob der Verwaltungsakt mit dem geltenden Recht in Einklang steht. Insoweit wird zwischen der formellen (Zuständigkeit, Form, Verfahren) und der materiellen Prüfung (inhaltliche Vereinbarkeit insbesondere mit den jeweils einschlägigen Fachgesetzen des Besonderen Verwaltungsrechts) unterschieden.

Zulässigkeit

Bei der Zulässigkeit des Widerspruchs sind nach der VwGO und dem VwVfG regelmäßig folgende Punkte zu prüfen:

- Eröffnung des Verwaltungsrechtswegs (§ 40 Abs. 1 VwGO)
- Statthaftigkeit des Widerspruchs (§ 68 VwGO)
- Widerspruchsbefugnis (§ 42 Abs. 2 VwGO analog)
- Ordnungsgemäße Einlegung des Widerspruchs (Form und Frist, Zuständigkeit der Widerspruchsbehörde - § 70 VwGO)
- Beteiligungs- und Handlungsfähigkeit (§§ 11, 12 VwVfG)

Zu den einzelnen Punkten:

Eröffnung des Verwaltungsrechtswegs

Als verwaltungsgerichtliches Vorverfahren macht der Widerspruch nur Sinn, wenn für die nachfolgende Klage das Verwaltungsgericht zuständig ist. § 40 Abs. 1 VwGO enthält zwar insoweit keine Regelung für das Widerspruchsverfahren, wird aber hierfür analog angewandt.

Damit der Verwaltungsrechtsweg gegeben ist, müssen drei Voraussetzungen erfüllt sein:

- es muss sich um eine öffentlich-rechtliche Streitigkeit handeln,
- diese muss nicht-verfassungsrechtlicher Art sein und
- die Streitigkeit darf nicht einer anderen Gerichtsbarkeit zugewiesen sein.

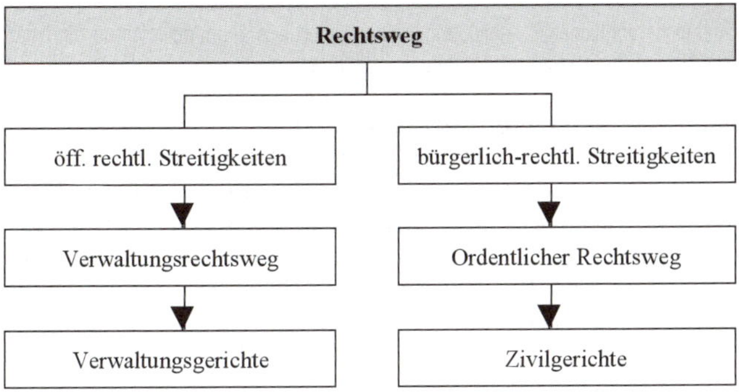

Öffentlich-rechtliche Streitigkeit

Eine **öffentlich-rechtliche Streitigkeit** liegt vor, wenn das dem Streit zugrunde liegende Rechtsverhältnis seiner Natur nach öffentlich-rechtlich ist. Hierzu sind die bereits beschriebenen Abgrenzungstheorien zwischen dem öffentlichen und dem privaten Recht anzuwenden. Regelmäßig empfiehlt es sich, auf die Natur der für den Rechtsstreit einschlägigen Rechtsnormen abzustellen. Indizien für eine öffentlich-rechtliche Streitigkeit sind in aller Regel behördliche Maßnahmen, die einen Bürger einseitig belasten. Auch im umgekehrten Fall, dass ein Bürger eine behördliche Genehmigung o. ä. erhält, liegt regelmäßig eine öffentlich-rechtliche Streitigkeit vor. Allein die Tatsache, dass die öffentliche Hand beteiligt ist, macht allerdings den Rechtsstreit noch nicht zu einem öffentlich-rechtlichen. Beim fiskalischen Handeln oder im Falle des sog. Verwaltungsprivatrechts handelt es sich meist um Streitigkeiten, die vor ein ordentliches Gericht gehören. Insoweit kann nach oben verwiesen werden, insbesondere auch auf die Ausführungen zur sog. Zweistufentheorie.

■ **Merke:** Für das Merkmal „öffentlich-rechtliche Streitigkeit" kommt es darauf an, ob die streitentscheidenden Normen öffentlich-rechtlicher Natur sind. ■

Beispiel: Streitigkeiten zwischen Bürger und Behörde über einen Mietvertrag sind privatrechtlicher Natur (zugrunde liegende Norm ist das BGB) und daher vor dem Zivilgericht auszutragen. Der Streit zwischen Bürger und Gemeinde über einen öffentlich-rechtlichen Erschließungsvertrag (zugrunde liegende Normen sind das BauGB und das VwVfG) gehört dagegen vor das Verwaltungsgericht.

Nichtverfassungsrechtlicher Art

Die Frage, ob eine **nichtverfassungsrechtliche Streitigkeit** vorliegt, lässt sich demgegenüber relativ einfach beantworten. Eine verfassungsrechtliche Streitigkeit verlangt die sog. doppelte Verfassungsunmittelbarkeit. Danach muss sie unmittelbar am Verfassungsleben Beteiligte betreffen und sich auf unmittelbar in der Verfassung geregelte Rechte und Pflichten beziehen. Es geht also in der Regel um Streitigkeiten zwischen Verfassungsorganen über verfassungsrechtliche Fragen.

■ **Merke:** Wenn ein Bürger beteiligt ist, liegt keine verfassungsrechtliche Streitigkeit vor (so die h. M.). ■

Beispiel: Der Eigentümer eines Pekinesen legt Widerspruch gegen einen Hundesteuerbescheid ein. Zur Begründung führt er an, es verstoße gegen Art. 3 GG, wenn man für einen so kleinen Hund genauso viel Hundesteuer zahlen müsse wie für einen Labrador. Obwohl es um die Auslegung des Grundgesetzes geht, ist die Streitigkeit nicht verfassungsrechtlich.

Abdrängende Sonderzuweisung

Als weiteres negatives Merkmal darf die Streitigkeit, um öffentlich-rechtlicher Natur zu sein, **nicht einem anderen Gericht zugewiesen** sein (§ 40 Abs. 1 VwGO). Spezielle Zuweisungen gibt es z. B. an die Zivilgerichte für Schadensersatz- und Entschädigungsansprüche, etwa nach § 40 Abs. 2 Satz 1 VwGO, Art. 14 Abs. 3 sowie 34 Satz 3 GG. Streitigkeiten über Justizverwaltungsakte sind nach § 23 EGGVG den Strafgerichten zugewiesen, etwa bzgl. Maßnahmen der Strafvollstreckung. Für Entscheidungen in Bußgeldverfahren gilt ebenfalls die Zuständigkeit der Strafgerichte (§ 67 OwiG). Andere besondere Zuweisungen finden sich für die Sozial- und Finanzgerichte (§§ 51 Abs. 1 SGG sowie 33 Abs. 1 FGO). Zu beachten ist, dass es auch sog. aufdrängende Sonderzuweisungen gibt, nach denen für bestimmte Streitigkeiten immer der Verwaltungsrechtsweg gegeben ist (s. § 40 Abs. 2 Satz 2 VwGO i. V. m. § 126 BRRG für das Beamtenverhältnis).

▪ **Merke:** Wenn ein Bürger beteiligt ist, liegt keine verfassungsrechtliche Streitigkeit vor (so die h. M.). ▪

Statthaftigkeit

Nach der Frage der Eröffnung des Verwaltungsrechtswegs ist die **Statthaftigkeit** des Widerspruchs als nächster Punkt zu prüfen. Es geht hierbei um die Frage, ob der Widerspruch nach § 68 VwGO der gesetzlich vorgesehene Rechtsbehelf ist, oder ob möglicherweise gleich eine Klage eingelegt werden müsste. Damit ein Widerspruch statthaft ist, müssen zwei Voraussetzungen erfüllt sein:

Erstens müsste auf einen erfolglosen Widerspruch eine Anfechtungs- oder Verpflichtungsklage folgen (§ 68 Abs. 1 Satz 1 sowie Abs. 2 VwGO). D. h., der Widerspruch muss sich gegen einen **Verwaltungsakt im Sinne des § 35 VwVfG** richten (dazu s. oben). Ziel von Anfechtungsklage und –widerspruch ist die Aufhebung eines belastenden, Ziel von Verpflichtungsklage und –widerspruch der Erlass eines begünstigenden Verwaltungsakts.

Beispiele: Ein Bürger wehrt sich gegen eine Bauabrissverfügung (Anfechtungswiderspruch). Ein anderer begehrt die Erteilung einer abgelehnten Baugenehmigung (Verpflichtungswiderspruch).

Zweitens darf **keine Ausnahme vom Erfordernis eines Vorverfahrens** nach § 68 Abs. 1 Satz 2 VwGO gegeben sein. Hier sind drei mögliche Konstellationen genannt:

- **gesetzlicher Ausschluss des Widerspruchsverfahrens:** in vielen Gesetzen im Besonderen Verwaltungsrecht finden sich derartige Ausschlussklauseln, die vor allem eine Verfahrensbeschleunigung bezwecken.

  Beispiele: Planfeststellungsbeschlüsse (§§ 74 Abs. 1 Satz 2 i. V. m. 70 VwVfG), Plangenehmigungen (etwa nach §§ 74 Abs. 6 Satz 3 VwVfG, 18 Abs. 2 Satz 4 AEG, 17 Abs. 1 Buchst. a Satz 3 FStrG).

  ▪ **Achtung:** Der „Trend“ geht gegen das Widerspruchsverfahren; z. B. hat Niedersachsen dies für sein Landesrecht grundsätzlich abgeschafft ▪

- **Verwaltungsakte einer obersten Bundes- oder Landesbehörde:** hier macht ein Vorverfahren wenig Sinn, weil es keine nächsthöhere Behörde gibt, die über den Widerspruch entscheiden könnte.

  Beispiel: Um einen vom Wirtschaftsminister eines Bundeslandes versagten Subventionsbescheid zu erlangen, ist gleich Verpflichtungsklage beim Verwaltungsgericht einzulegen.

- **erstmalige Beschwer eines Dritten durch einen Abhilfe- oder Widerspruchsbescheid:** bei sog. Verwaltungsakten mit Doppelwirkung ist der eine hiervon begünstigt, der andere beschwert. Entsteht die Beschwer nicht durch den Ausgangsbescheid, sondern erst durch den auf einen Widerspruch folgenden Abhilfe- oder Widerspruchsbescheid, macht ein erneutes Widerspruchsverfahren keinen Sinn. Die Widerspruchsbehörde hat ja bereits über einen Widerspruch entschieden. Daher ist in derartigen Fällen ein Vorverfahren entbehrlich, so dass gleich Klage eingelegt werden kann.

  Beispiel: Ein Gastwirt beantragt die Erweiterung seiner gaststättenrechtlichen Genehmigung, die ihm zunächst verweigert wird. Auf seinen Widerspruch hin wird sie dann durch den Widerspruchsbescheid erteilt. Der hierdurch beschwerte Nachbar kann sogleich gegen diese Genehmigung Anfechtungsklage erheben.

Widerspruchsbefugnis

Auch wenn dies in der VwGO nicht ausdrücklich geregelt ist, wird für den Widerspruch genauso wie für die Klage eine individuelle Betroffenheit vorausgesetzt. Als Vorschaltverfahren zur Klage wird auf den Widerspruch die Regelung über die Klagebefugnis nach § 42 Abs. 2 VwGO analog angewandt. Voraussetzung für die Zulässigkeit des Widerspruchs ist daher, dass der Widersprechende geltend machen kann, durch den Verwaltungsakt oder seine Ablehnung in eigenen Rechten verletzt zu sein. Die Vorschrift folgt Art. 19 Abs. 4 GG; hiernach steht der Rechtsweg nur demjenigen offen, der durch die öffentliche Gewalt in seinen Rechten verletzt wird. Mit dem Erfordernis einer Verletzung subjektiver Rechte wird ausgeschlossen, dass jeder beliebige („quivis ex populo“) vor den Gerichten klagen kann.

■ **Merke:** Das deutsche Rechtsschutzsystem sieht keine sog. Popularklage vor. ■

In der Zulässigkeitsstation braucht der Widersprechende insoweit nur darlegen, dass eine solche Rechtsverletzung möglich ist (sog. **Möglichkeitstheorie**). In der folgenden Begründetheitsstation wird dann geprüft, ob die Rechtsverletzung nicht nur behauptet wurde, sondern tatsächlich gegeben ist (s. § 113 Abs. 1 Satz 1 sowie Abs. 5 Satz 1 VwGO).

Beispiel: Ein Lüneburger legt gegen eine Baugenehmigung für eine Spielhalle in einem reinen Wohngebiet in Stuttgart Widerspruch ein, weil diese seiner Ansicht nach gegen § 3 BauNVO verstößt. Obwohl er mit seiner Ansicht möglicherweise richtig liegt, erscheint doch wegen der großen Entfernung eine Rechtsverletzung unter keinem erdenklichen Gesichtspunkt möglich. Für den unmittelbaren Nachbarn wäre dagegen die Möglichkeit einer Rechtsverletzung gegeben.

Die Möglichkeit einer Rechtsverletzung ist immer dann gegeben, wenn jemand Adressat eines belastenden Verwaltungsakts ist (sog. **Adressatentheorie**). Auch wenn man sich in derartigen Fällen nicht auf die Verletzung von einfachgesetzlichen Normen berufen kann, ist immer ein Verstoß gegen Grundrechte möglich. Möglich sind dann Verletzungen der Art. 12 GG (Berufsfreiheit), 14 GG (Eigentumsfreiheit) oder des Auffanggrundrechts der allgemeinen Handlungsfreiheit in Art. 2 Abs. 1 GG.

Beispiel: Ein Grundstückseigentümer erhält von der Gemeinde einen Bescheid über die Zahlung von Erschließungsabgaben. Er ist damit möglicherweise in Art. 14 GG, zumindest aber in Art. 2 Abs. 1 GG verletzt.

Etwas komplizierter wird es, wenn nicht der Adressat eines belastenden Verwaltungsakts betroffen ist, sondern ein Dritter. Dieser ist nach § 42 Abs. 2 VwGO nur dann widerspruchs- und klagebefugt, wenn es eine Rechtsnorm gibt, auf die er sich berufen kann, die also nicht nur zum Schutz der Allgemeinheit erlassen wurde, sondern gerade auch zu seinem Schutz (sog. **Schutznormtheorie**). Man spricht dann auch von Normen mit „nachbarschützendem Charakter“, sog. drittschützenden Normen.

Beispiele: § 5 Abs. 1 Nr. 1 BImSchG, nach dem genehmigungsbedürftige Anlagen so zu errichten und zu betreiben sind, dass schädliche Umwelteinwirkungen für die Allgemeinheit und die Nachbarschaft nicht hervorgerufen werden können, hat nachbarschützenden Charakter. Wer im Einwirkungsbereich der Anlage wohnt, kann daher gegen eine Genehmigung, die dies nicht beachtet, Widerspruch und Klage erheben. Mindestabstandsvorschriften im Bauordnungsrecht (in Niedersachsen gem. § 7 Abs. 3 NBauO 3 m) dienen auch dem Schutz des Nachbarn; bei einer Unterschreitung kann der Nachbar daher zulässigerweise Widerspruch gegen die Baugenehmigung einlegen.

Allerdings haben viele Normen des öffentlichen Rechts keinen nachbarschützenden Charakter; sie sind lediglich im Interesse der Allgemeinheit, nicht jedoch auch zum Schutz der Nachbarn erlassen worden.

Beispiel: Ein Bürger geht gerne im Naturschutzgebiet „Hohe Tannen" spazieren. Unter Verstoß gegen die Schutzgebietsverordnung werden durch die örtliche Landesforstverwaltung einige dieser Tannen für den Bau eines Wirtschaftsweges gefällt. Er kann dagegen keinen zulässigen Widerspruch einlegen, denn er hat kein subjektiv-öffentliches Recht auf Erhalt der Tannen. Die Naturschutzgebietsverordnung ist im Interesse der Allgemeinheit, nicht zum Schutz einzelner, erlassen worden.

Dieses Auseinanderfallen von Rechtswidrigkeit und Widerspruchs- bzw. Klagebefugnis, d. h. von objektivem und subjektivem Recht, um die sog. Popularklage auszuschließen (s. o.), ist gerade im Bereich des Umwelt- und Naturschutzrechts kritisiert worden. Eine gewisse „Kompensation" wird durch die naturschutzrechtliche Verbandsklage nach § 61 BNatSchG (Rechtsbehelfe von Vereinen) bewirkt.

■ **Merke:** Unterscheiden Sie bei der Widerspruchs- und Klagebefugnis zwischen Möglichkeits-, Adressaten- und Schutznormtheorie! ■

In der Fallbearbeitung kommt es darauf an, zu wissen oder ggf. durch Auslegung zu ermitteln, welche Normen subjektive Rechte verleihen und welche bloß objektiv-rechtlicher Natur sind. Manchmal geben die Normen eine Hilfestellung, etwa dann, wenn die Nachbarschaft dort ausdrücklich erwähnt wird.

Beispiele: § 5 Abs. 1 Nr. 1 BImSchG; § 31 Abs. 2 BauGB.

Die Rechtsprechung hat hierzu eine differenzierte Kasuistik entwickelt.

Beispiel: Nach § 34 BauGB ist ein Vorhaben im sog. unbeplanten Innenbereich zulässig, wenn es sich in die Eigenart der näheren Umgebung einfügt. Die Rechtsprechung lehnt eine nachbarschützende Wirkung dieser Bestimmung grundsätzlich ab. Aus dem Begriff des „Einfügens" wird aber das sog. Gebot der nachbarlichen Rücksichtnahme abgeleitet, aus dem sich wiederum eine Rechtsverletzung und damit die Widerspruchs- und Klagebefugnis ergeben kann (vgl. BVerwG NJW 1986, 1703).

▪ Seien Sie immer dann auf der Hut, wenn nicht der Adressat, sondern ein Dritter Widerspruch oder Klage erhebt; in diesen Fällen bedarf die Widerspruchs- bzw. Klagebefugnis einer genaueren Begründung! ▪

Bis hierhin ging es ausschließlich um Anfechtungswidersprüche und –klagen. Eine ganz andere Konstellation ergibt sich dagegen bei **Verpflichtungswidersprüchen und –klagen**. Um im Rechtsstreit zu obsiegen, muss der Widerspruchsführer bzw. Kläger einen **Anspruch** auf den Erlass des begehrten Verwaltungsakts haben können. Die Möglichkeit einer Rechtsverletzung im Sinne des § 42 Abs. 2 VwGO besteht also dann, wenn es eine Rechtsnorm gibt, auf die er diesen Anspruch stützen kann. Relativ unproblematisch ist dies bei gebundenen Entscheidungen, auf die bei Vorliegen der gesetzlichen Voraussetzungen ein Anspruch besteht. Handelt es sich aber um Ermessensnormen, besteht in der Regel lediglich ein Anspruch auf ermessensfehlerfreie Entscheidung.

▪ **Merke:** Bei Verpflichtungswidersprüchen und –klagen kommt es auf die Möglichkeit eines Anspruchs an! ▪

Ordnungsgemäße Einlegung des Widerspruchs

Hier kommt es auf drei Voraussetzungen an (vgl. auch § 58 VwGO):

- die Frist (§ 70 VwGO),
- die Form (ebenfalls § 70 VwGO) und
- die zuständige Behörde (§ 73 VwGO).

Frist

Grundsätzlich beträgt die Widerspruchsfrist einen Monat nach Bekanntgabe des Widerspruchs. Die Bekanntgabe richtet sich nach § 41 VwVfG. Allerdings gilt die Monatsfrist gemäß §§ 70 Abs. 2 und 58 VwGO nur, wenn der Verwaltungsakt mit einer ordnungsgemäßen **Rechtsbehelfsbelehrung** versehen ist. Andernfalls beträgt die Widerspruchsfrist ein Jahr (§ 58 Abs. 2 VwGO). Ordnungsgemäß ist die Rechtsbehelfsbelehrung über einen Widerspruch, wenn der Beteiligte schriftlich über folgende Punkte belehrt worden ist (§ 58 Abs. 1 VwGO):

- die Möglichkeit der Einlegung eines Widerspruchs,
- die Stellen, bei denen der Widerspruch erhoben werden kann (in der Regel neben der Ausgangsbehörde auch die nächst höhere als Widerspruchsbehörde, § 70 VwGO),
- den Sitz dieser Stellen (Anschriften) sowie
- die Monatsfrist.

Geht die Belehrung über diesen Mindestinhalt hinaus, muss sie richtig und vollständig sein. Tut sie dies nicht, ist die Rechtsbehelfsbelehrung insgesamt fehlerhaft.

Typische Fehler der Rechtsbehelfsbelehrung:

- Fristbelehrung über „4 Wochen" anstatt richtigerweise „1 Monat"
- Auferlegung einer Begründungspflicht für den Widerspruch
- Fehlende Angabe der Behörde, bei der Widerspruch eingelegt werden kann

Beispiel für eine ordnungsgemäße Belehrung: „Gegen diesen Bescheid können Sie innerhalb eines Monats ab Bekanntgabe bei der Stadt S., A-Straße Nr. 1, 12345 S. schriftlich oder zur Niederschrift der Geschäftsstelle Widerspruch einlegen. Die Frist ist auch durch Einlegung des Widerspruchs bei dem Landkreis L, B-Straße, 34567 L., gewahrt."

■ **Tipp:** Werfen Sie in der Klausur immer auch einen Blick auf die Rechtsbehelfsbelehrung, denn gerne wird ein Fristenproblem gestellt! ■

Eine fehlerhafte Rechtsbehelfsbelehrung macht allerdings den Verwaltungsakt nicht rechtswidrig; einzige Rechtsfolge ist die Jahresfrist für die Einlegung des Widerspruchs.

Für die **Fristberechnung** gelten nach §§ 57 Abs. 2 VwGO und 222 ZPO die allgemeinen Regeln der §§ 186 ff. BGB.

Beispiel: Ein Bürger hat am 31. 1. einen Bescheid erhalten. Sein am 1. 3. eingelegter Widerspruch ist verfristet (vgl. § 188 Abs. 2 und 3 BGB).

Für den Fristbeginn ist § 41 VwVfG (Bekanntgabe des Verwaltungsakts) maßgeblich.

Beispiel: Ein Bürger bekommt von der Behörde einen am 1. 1. versandten einfachen Brief. Die Bekanntgabe wird nach § 41 Abs. 2 VwVfG für den 4. 1. angenommen. Die Frist für den Widerspruch endet damit mit Ablauf des 4. 2. (Allerdings muss im Zweifel die Behörde den Zugang beweisen, § 41 Abs. 2 Satz 2 VwVfG).

Bei Fristversäumung kann nach § 60 VwGO **Wiedereinsetzung** in den vorigen Stand gewährt werden. Dann muss der Betroffene ohne Verschulden gehindert gewesen sein, die Widerspruchsfrist einzuhalten. Eine derartige „Heilung" der Fristversäumung ist aber nur möglich, wenn seit dem Wegfall des Hindernisses nicht mehr als zwei Wochen vergangen sind. Der Widerspruch muss innerhalb dieses Zeitraums eingelegt werden. Zweckmäßigerweise wird der Antrag auf Wiedereinsetzung in den vorigen Stand mit dem Widerspruch selbst verbunden.

Beispiel: Ein Bürger möchte seinen Widerspruch am Abend des letzten Tages der Frist in den Nachtbriefkasten der Behörde einwerfen. Aufgrund eines technischen Fehlers des Briefkastens ist dies jedoch nicht möglich. Hierin ist ein zureichender Wiedereinsetzungsgrund zu sehen.

Form

Der Widerspruch ist nach § 70 Abs. 1 VwGO **schriftlich** oder zur Niederschrift zu erheben. Zur Wahrung der Schriftform reichen auch Telegramm, Fernschreiben und Telefax aus (e-mail nur unter den Voraussetzungen des § 3 a VwVfG). Für die Erhebung zur Niederschrift ist persönliches Erscheinen des Widersprechenden oder eines Vertreters erforderlich.

Der Widerspruch muss zur Einhaltung der Form nicht als solcher bezeichnet werden.

Beispiel: Ein Bürger legt gegen einen ablehnenden Bescheid „Beschwerde" ein. Die Behörde hat dies im Zweifel als Widerspruch zu werten.

■ **Merke:** Bei Fristversäumung ist unter bestimmten Voraussetzungen Wiedereinsetzung in den vorigen Stand möglich. ■

Widerspruchsbehörde

Der Widerspruch ist entweder bei der Ausgangsbehörde, die den Verwaltungsakt erlassen hat, oder bei der Widerspruchsbehörde einzulegen (§ 70 Abs. 1 VwGO). Widerspruchsbehörde ist im Regelfall die nächst höhere Behörde (§ 73 Abs. 1 Satz 2 Nr. 1 VwGO). Es kann aber vorkommen, dass es keine höhere Behörde gibt wie im Falle von obersten Bundes- oder Landesbehörden (§ 73 Abs. 1 Satz 2 Nr. 2 VwGO); dann ist ausnahmsweise die Ausgangs- auch die Widerspruchsbehörde. Das gleiche gilt in der Regel für den Bereich der Selbstverwaltung, soweit es sich um Aufgaben des eigenen Wirkungskreises handelt (§ 73 Abs. 1 Satz 2 Nr. 3 VwGO).

Beispiel: Ein Student wendet sich gegen die Bewertung einer Klausur. Diese Tätigkeit fällt in die Autonomie der Hochschulen, so dass der Widerspruch von der Hochschule selbst entschieden wird.

Beteiligten- und Handlungsfähigkeit

Nach § 11 VwVfG sind natürliche oder juristische Personen, rechtsfähige Vereinigungen sowie Behörden **beteiligungsfähig**. Die Beteiligungsfähigkeit entspricht der Parteifähigkeit nach § 50 ZPO bzw. der Rechtsfähigkeit nach dem BGB.

Beispiel: Ein Baby kann als Grundstückseigentümer Adressat einer Baugenehmigung sein; gegen die Versagung einer Genehmigung kann es Widerspruch und Klage erheben.

Die **Handlungsfähigkeit** nach § 12 VwVfG setzt dagegen die bürgerlich-rechtliche Geschäftsfähigkeit nach §§ 104 ff. BGB voraus.

Beispiel: Eine 17jährige betreibt ein mittelständisches Softwareunternehmen. Die örtliche Industrie- und Handelskammer fordert sie auf, den fälligen Kammerbeitrag zu entrichten. Die Unternehmerin kann hiergegen nur durch ihre gesetzlichen Vertreter, in der Regel sind dies nach §§ 1626, 1629 BGB die Eltern, Widerspruch einlegen.

Rechtschutzbedürfnis

Je nach Einzelfall müssen weitere Punkte bei der Zulässigkeitsprüfung angesprochen werden, z. B. das allgemeine Rechtsschutzbedürfnis. Dies kann in Ausnahmefällen fehlen, wenn ein Widerspruch missbräuchlich eingelegt wurde, z. B. wenn dieser ausschließlich zum Ziel hat, andere Personen zu schädigen und nicht eigene Rechte durchzusetzen.

Begründetheit

Nach der Zulässigkeit ist die Begründetheit des Widerspruchs zu prüfen. Die Begründetheitsprüfung eines Widerspruchs kann im Falle des Anfechtungswiderspruchs mit folgendem Satz eingeleitet werden:

„Der Widerspruch ist begründet, wenn der Verwaltungsakt rechtswidrig ist und der Widersprechende dadurch in seinen Rechten verletzt ist (§ 113 Abs. 1 VwGO analog)."

Beim Verpflichtungswiderspruch kann der Obersatz lauten:

„Der Widerspruch ist begründet, wenn der Widersprechende auf den begehrten Verwaltungsakt einen Anspruch hat (§ 113 Abs. 5 VwGO analog)."

Anschließend sollten Sie in jedem Fall die **Rechtsgrundlage** angeben. Dies ist im Falle eines Anfechtungswiderspruchs die Ermächtigungsgrundlage, auf die sich die Behörde beruft.

Beispiel: „Der Abbruch von baulichen Anlagen kann nach § 89 NBauO angeordnet werden."

Im Falle eines Verpflichtungswiderspruchs ist eine Anspruchsgrundlage anzugeben.

Beispiel: „Nach § 6 BImSchG besteht bei Vorliegen der Voraussetzungen ein Rechtsanspruch auf Genehmigung einer Anlage."

Wegen der daran anschließenden materiellrechtlichen Prüfung der Begründetheit wird auf die obigen Ausführungen zur Rechtmäßigkeit von Verwaltungsakten verwiesen.

Abschließend ist noch zu prüfen, ob tatsächlich eine **Rechtsverletzung** vorliegt (vgl. § 113 Abs. 1 bzw. 5 VwGO). Da bei der Prüfung der Widerspruchsbefugnis in der Zulässigkeitsstation bereits die Möglichkeit der Rechtsverletzung angesprochen wurde, kann in der Regel darauf Bezug genommen werden. Insoweit ist vor allem die sog. Schutznormtheorie zu beachten (s. oben).

5.2 Gerichtlicher Rechtsschutz

5.2.1 Allgemeine Verfahrensgrundsätze

Die allgemeinen Grundsätze des verwaltungsgerichtlichen Verfahrens sollen hier nur kurz stichwortartig genannt werden, ohne dass näher auf sie eingegangen wird.

- **Verfügungsgrundsatz** – die Parteien bestimmen den Streitgegenstand, § 88 VwGO.
- **Untersuchungsgrundsatz** – das Gericht ermittelt den Sachverhalt von Amts wegen § 86 VwGO.
- **richterliche Aufklärungspflicht** – das Gericht erörtert offene Fragen mit den Beteiligten, § 104 VwGO.
- **Unmittelbarkeit** – Gericht entscheidet aufgrund freier, aus der Verhandlung gewonnener Überzeugung, §§ 108 und 101 VwGO.
- **Öffentlichkeit** - § 169 GVG.
- **Rechtliches Gehör**, Art.103 Abs.1 GG.

5.2.2 Endgültiger Rechtsschutz (Klagearten)

Nachfolgend soll zunächst eine Übersicht über die Möglichkeiten, endgültigen gerichtlichen Rechtsschutz vor den Verwaltungsgerichten zu erlangen, gegeben werden. Gemäß § 43 Abs. 2 VwGO werden drei Klagearten nach der Art ihres konkreten Begehrens unterschieden. Sie sollen hier mit ihren jeweiligen Erschienungsformen in einer Übersicht dargestellt werden sollen.

- **Gestaltungsklagen** ändern die Rechtslage unmittelbar. Ihre wichtigste Erscheinungsform ist die
  – **Anfechtungsklage**, § 42 Abs.1 1. Alt. VwGO.
  Darüber hinaus gibt es:
  – Abänderungsklage, § 173 VwGO i. V. m. § 323 ZPO

- Vollstreckungsgegenklage, § 167 Abs. 1 VwGO i. V. m. § 767 ZPO
- Drittwiderspruchsklage, § 167 Abs.1 VwGO i. V. m. § 771 ZPO

- **Leistungsklagen** verpflichten die unterliegende Partei, eine Handlung vorzunehmen. Ihre Erscheinungsformen sind:
  - **Verpflichtungsklage**, § 42 Abs.1 2. Alt. VwGO
  - Allgemeine Leistungsklage, § 40 i. V. m. § 43 Abs. 2 S. 1 VwGO

- **Feststellungsklagen** begehren die verbindliche Feststellung von Rechtsverhältnissen. Ihre Erscheinungsformen sind:
  - Allgemeine Feststellungsklage, § 43 Abs. 1 1. Alt. VwGO
  - Nichtigkeitsfeststellungsklage, § 43 Abs. 1 2. Alt. VwGO
  - Fortsetzungsfeststellungsklage, § 113 Abs. 1 S. 4 VwGO

- **Normenkontrollklagen** gemäß § 47 VwGO sind auf die Überprüfung einer untergesetzlichen Norm gerichtet. Sie soll hier der Vollständigkeit halber erwähnt werden, ohne dass näher auf ihre Voraussetzungen eingegangen wird.

Das Verwaltungsgericht prüft jeweils die Zulässigkeit und die Begründetheit einer Klage.

Zulässigkeitsprüfung

In der Zulässigkeit prüft das Verwaltungsgericht, ob die Zulässigkeitsvoraussetzungen erfüllt sind. Diese richten sich nach der jeweiligen Klageart. Die Klageart richtet sich den Zielen des Klägers. Die Voraussetzungen der Zulässigkeit eines Verwaltungsgerichtsverfahrens entsprechen im Wesentlichen den bereits beim Widerspruchsverfahren erörterten. Allerdings sind die allgemeinen Sachurteilsvoraussetzungen jetzt ausschließlich der VwGO zu entnehmen. Darüber hinaus gibt es besondere Sachurteilsvoraussetzungen für jede Klageart. Nur diese sollen im Folgenden erläutert werden. Vorangestellt wird den Ausführungen das Prüfschema der Zulässigkeit eines Verwaltungsgerichtsverfahrens.

Allgemeines Prüfschema der Zulässigkeit

1 **Eröffnung des Verwaltungsrechtweges, 40 Abs. 1 VwGO**
- aufdrängende Sonderzuweisung, z. b. § 126 BRRG
- Generalklausel § 40 Abs.1 S.1 –
  - Öffentlich-rechtliche Streitigkeit
  - Nichtverfassungsrechtlicher Art
  - Keine abdrängende Spezialzuweisung

■ Die Eröffnung des Veraltungsrechtsweges nach § 40 Abs. 1 VwGO ist immer zu prüfen. ■

2 **Allgemeine Sachurteilsvoraussetzungen**
- Deutsche Gerichtsbarkeit
- Ordnungsgemäße Klageerhebung, §§ 81 ff. VwGO
- Beteiligten-, Prozess- und Postulationsfähigkeit, §§ 61 ff. VwGO
- Örtliche, sachliche und instanzielle Zuständigkeit des Gerichts, §§ 45 ff. VwGO
- Keine anderweitige Anhängigkeit des Rechtstreits, § 17 GVG
- Entgegenstehende Rechtskraft, § 121 VwGO
- Allgemeines Rechtsschutzbedürfnis
- Objektive Klagehäufung, § 4 VwGO
- Kein Klageausschluss aus besonderen Gründen, z. B. § 44 a VwGO

■ In einer Klausur sollten Sie auf die allgemeinen Sachurteilsvoraussetzungen nur eingehen, wenn im Sachverhalt insoweit ein deutlicher Hinweis gegeben wird. ■

3 Statthafte Klagart

Die statthafte Klagart richtet sich nach dem vom Kläger verfolgten Ziel (sog. Klagebegehren), § 88 VwGO.

Klageart	Begehrt wird
Anfechtungsklage	▪ die Aufhebung eines belastenden VA.
Verpflichtungsklage	▪ der Erlass eines begünstigenden VA.
Allgemeine Leistungsklage	▪ die Vornahme oder die Unterlassung eines Verwaltungshandelns, das nicht VA ist
Feststellungsklage	▪ die Feststellung des Bestehens eines Rechtsverhältnisses ▪ die Feststellung des Nichtbestehens eines Rechtsverhältnisses ▪ die Feststellung der Nichtigkeit eines Verwaltungsakts
Fortsetzungs feststellungsklage	▪ nach Erledigung des VA, dass – Erlass des VA rechtswidrig war – Nichterlass des VA rechtswidrig war

▪ Sie haben keine statthafte Klagart gefunden? Irgendwo hat sich ein Fehler eingeschlichen. Wegen der Rechtsschutzgarantie aus Art. 19 Abs. 4 GG muss es eine Klageart geben, die den Kläger zum Ziel führt. ▪

4 Besondere Sachurteilsvoraussetzungen im Überblick

Klageart	Sachurteilsvoraussetzungen
Anfechtungsklage	▪ Klagebefugnis, § 42 Abs. 2 VwGO ▪ Vorverfahren, §§ 68 ff. VwGO ▪ Klagefrist, §§ 74, 75, 47 VwGO
Verpflichtungsklage	▪ Klagebefugnis, § 42 Abs. 2 VwGO ▪ Vorverfahren, §§ 68 ff. VwGO ▪ Klagefrist, §§ 74, 75, 47 VwGO
Allgemeine Leistungsklage	▪ Klagebefugnis, § 42 Abs. 2 VwGO analog ▪ **kein** Vorverfahren ▪ **keine** Frist

Feststellungsklage	▪ Klagebefugnis, § 42 Abs. 2 VwGO analog ▪ Feststellungsinteresse, § 43 Abs. 1 VwGO ▪ Subsidiarität ▪ **kein** Vorverfahren ▪ **keine** Frist
Fortsetzungsfest-stellungsklage	▪ Klagebefugnis, § 42 Abs. 2 VwGO analog ▪ Fortsetzungsfeststellungsinteresse ▪ Vorverfahren abhängig vom Zeitpunkt der Erledigung des VA ▪ **keine** Frist bei Erledigung des VA vor Eintritt der Bestandskraft

Anfechtungsklage, § 42 Abs. 1 1. Alt. VwGO

- **Statthaftigkeit**
  Die Anfechtungsklage ist statthaft, wenn der Kläger die vollständige oder teilweise Aufhebung eines belastenden Verwaltungsaktes i. S. d. § 35 VwVfG begehrt.

  ▪ Hier prüfen Sie die wesentlichen Merkmale des Veraltungsakts (s. o. Verwaltungsakt). Ihr Hauptaugenmerk sollte auf der „Regelung" liegen. Benennen Sie die Verpflichtung, die der Kläger angreift. ▪

- **Klagebefugnis**, § 42 Abs. 2 VwGO
  Die Klagebefugnis entspricht der Widerspruchsbefugnis, so dass auf die dortigen Ausführungen verwiesen werden kann.
- **Vorverfahren**, §§ 68 ff VwGO
  Vor Erhebung der Anfechtungsklage ist ein Widerspruchsverfahren durchzuführen.
- **Klagefrist**, § 74 VwGO
  Die Klage muss innerhalb eines Monats ab Zustellung des Widerspruchsbescheides erhoben werden. Bei fehlender oder fehlerhafter Rechtsbehelfsbelehrung beträgt die Klagefrist ein Jahr, § 58 Abs. 2 S. 1 VwGO. Die Ausführungen bei der Widerspruchsfrist gelten entsprechend.

Verpflichtungsklage, § 42 Abs. 1 2. Alt. VwGO

- **Statthaftigkeit**
  Die Verpflichtungsklage ist statthaft, wenn der Kläger den Erlass eines noch nicht vorhandenen Verwaltungsaktes begehrt. Der Verpflichtungsklage geht regelmäßig ein den Erlass des begehrten Verwaltungsaktes ablehnender Bescheid voraus. Diesen Bescheid greifen Sie mit der Verpflichtungsklage nicht an, denn ein Sieg in dieser Sache – die Ablehnung ist aus der Welt geschafft – bringt Sie nicht weiter. Sie hätten immer noch nicht den begehrten Verwaltungsakt.

> ■ Sie müssen die Merkmale des Verwaltungsakts prüfen. ■

- **Klagebefugnis**, Vorverfahren, Klagefrist
  Für die Verpflichtungsklage sind die Klagebefugnis, das Vorverfahren und die Klagefrist ebenso Voraussetzung wie für die Anfechtungsklage (siehe ebenda).

Allgemeine Leistungsklage

Die allgemeine Leistungsklage ist in der VwGO nicht ausdrücklich geregelt. Sie wird allerdings in §§ 43 Abs. 2, 111, 113 As. 3, 169 Abs. 2, 170, 191 Abs. 1 VwGO erwähnt, so dass sie als Klageart allgemein anerkannt ist.

- **Statthaftigkeit**
  Die allgemeine Leistungsklage kommt in drei Varianten vor
  - Normalfall
  - Unterlassungsklage
  - Vorbeugende Unterlassungsklage

- Prüfschema

Da die allgemeine Leistungsklage subsidiär zu Anfechtungs- und Verpflichtungsklage ist, sollten Sie zunächst die Statthaftigkeit einer dieser Klagearten und dann beim Merkmal der „Regelung" feststellen, dass es sich bei der begehrten Maßnahme nicht um einen Verwaltungsakt handelt.

In einem zweiten Schritt fragen Sie dann, ob die allgemeine Leistungsklage statthaft ist, da der Kläger ein Tun, Dulden oder Unterlassen verlangt.

- **Klagebefugnis**, § 42 Abs. 2 VwGO analog
  Insoweit sei auf die Ausführungen der Anfechtungsklage verwiesen.
  Bei der Unterlassungsklage muss der Kläger ferner nachweisen, dass er durch die Maßnahme der Verwaltung beeinträchtigt worden ist und dass weitere Beeinträchtigungen drohen.

- **Rechtsschutzbedürfnis**
  Grundsätzlich ist das Rechtsschutzbedürfnis zu bejahen. Ausnahmsweise ist es dem Kläger abzusprechen, wenn er vor Klageerhebung keinen Antrag bei der Verwaltung auf Vornahme oder Unterlassen der Handlung gestellt hat.

- **Vorverfahren** und **Klagefrist**
  Vorverfahren und Einhaltung einer Klagefrist sind keine Voraussetzungen der allgemeinen Leistungsklage. Eine Ausnahme ist lediglich für beamtenrechtlichen Leistungsklagen in § 126 Abs. 3 BRRG normiert.

Feststellungsklage, § 43 VwGO

- **Statthaftigkeit**
  Die Feststellungsklage ist statthaft, wenn der Kläger die Feststellung begehrt ...
  - des Bestehens oder Nichtbestehens eines gegenwärtigen, vergangenen oder zukünftigen Rechtsverhältnisses, § 43 Abs. 1 1. Alt. VwGO.
  - der Nichtigkeit eines Verwaltungsakts, § 43 Abs. 1 2. Alts. VwGO.

- Feststellungsinteresse, § 43 Abs. 1 VwGO
  Der Kläger muss ein wirtschaftliches, ideelles oder persönliches Interesse an der baldigen Feststellung haben.
  Bei **vergangenen Rechtsverhältnissen** besteht dies nur, wenn es eine konkrete Auswirkung auf die Gegenwart gibt. Dies kann z. B. eine Wiederholungsgefahr oder ein Rehabilitationsinteresse sein.
  Für **zukünftige** Rechtsverhältnisse ist ein Feststellungsinteresse nur dann gegeben, wenn dem Kläger ein weiteres Abwarten nicht zumutbar ist. Mögliche Gründe hierfür können sein, dass die Gefahr von irreparablen Schäden besteht oder die Schaffung vollendeter Tatsachen droht.
- **Subsidiarität**, § 43 Abs.2 VwGO
  Die Feststellungsklage tritt grundsätzlich hinter die Anfechtungs-, Verpflichtungs- und allgemeine Leistungsklage zurück.

Fortsetzungsfeststellungsklage, § 113 Abs. 1 S. 4 VwGO
Die Fortsetzungsfeststellungsklage ist ein Unterfall der Anfechtungsklage. Sie ist bei analoger Anwendung des § 113 Abs. 1 S. 4 VwGO aber auch dann die richtige Klagart, wenn sich der Verwaltungsakt schon vor Erhebung des Widerspruchs oder der Anfechtungsklage erledigt hat. Auf die Verpflichtungsklage ist § 113 Abs. 1 S. 4 VwGO ebenfalls analog anwendbar

- **Statthaftigkeit**
  Bei der Statthaftigkeit sind zwei Punkte zu prüfen

  1. Zunächst hat der Kläger die Aufhebung eines belastenden Verwaltungsakts verlangt. Statthafte Klagart war eine Anfechtungsklage.

  > ■ Prüfung wie bei der Statthaftigkeit der Anfechtungsklage – Verwaltungsakt ■

  2. Durch die zwischenzeitlich eingetretene Erledigung ist das mit der Anfechtungsklage verfolgte Ziel – Aufhebung des belastenden Verwaltungsaktes – nicht mehr möglich. Wenn der Kläger seinen ursprünglichen Antrag ausdrücklich auf die Feststellung der Rechtswidrigkeit des Verwaltungsakts umstellt, ist die Klage jetzt als Fortsetzungsfeststellungsklage statthaft.

> Hier ist der Erledigungsgrund gemäß § 43 Abs. 2 VwVfG zu nennen und der ausdrückliche Wunsch des Klägers, die Feststellung der Rechtswidrigkeit des Verwaltungsakts zu wollen.

- **Klagebefugnis**
  Die Klagebefugnis muss ebenfalls vorliegen (siehe unter Anfechtungsklage).
- **Fortsetzungsfeststellungsinteresse**
  Ein Fortsetzungsfeststellungsinteresse ist nur dann gegeben, wenn der Kläger ein Interesse daran hat, dass die Rechtswidrigkeit des Verwaltungsakts festgestellt wird.
  Dies ist nur dann der Fall, wenn mit dem Prozess ein Nachteil abgewehrt werden soll, der entweder unmittelbar bevorsteht oder sich abzeichnet (BVerwGE 56, 155 ff.).

  Ein Fortsetzungsfeststellungsinteresse ist für folgende Fälle bejaht worden:
  - Wiederholungsgefahr (BVerwG, NVwZ 1990, 360 ff.)
  - Diskriminierende Wirkung des Verwaltungsakts (BVerwGE 12, 87 ff.)
  - Zur Vorbereitung eines Entschädigungsprozesses vor den Zivilgerichten. Dieser darf aber nicht völlig aussichtslos erscheinen (BVerwGE 35, 66).
- **Klagefrist**
  Der Verwaltungsakt muss im Moment der Erledigung noch anfechtbar gewesen sein, d. h. Widerspruchs- und Klagefrist dürfen noch nicht abgelaufen gewesen sein.

Begründetheitsprüfung

In der Begründetheit wird überprüft, ob die Behauptung des Klägers er sei in seinen Rechten verletzt, tatsächlich stimmt.

Anfechtungsklage

Obersatz: Die Anfechtungsklage ist begründet, wenn der Verwaltungsakt rechtswidrig und der Kläger dadurch in seinen Rechten verletzt ist, § 113 Abs. 1 S. 1 VwGO.

Sie sollten den Verwaltungsakt und den Kläger im Obersatz immer bezeichnen.

I. Rechtswidrigkeit des Verwaltungsakts

1. Ermächtigungsgrundlage

2. formelle Rechtmäßigkeit
   a) Zuständigkeit der Behörde, die den Verwaltungsakt erlassen hat
   b) Form, z. B. § 37 VwVfG
   c) Verfahren, z. B. Anhörung, 28 VwVfG

3. materielle Rechtmäßigkeit
   a) Tatbestandsvoraussetzungen der Ermächtigungsgrundlage
   b) Rechtsfolge der Ermächtigungsgrundlage
      Gebundene Entscheidung
      Ermessensentscheidung

II. Rechtsverletzung des Klägers

Zu den einzelnen Prüfpunkten wird auf die Ausführungen der Rechtmäßigkeitsprüfung beim Verwaltungsakt verwiesen.

Verpflichtungsklage

Obersatz: Die Verpflichtungsklage ist begründet, wenn der Kläger auf den begehrten Verwaltungsakt einen Anspruch hat, § 113 Abs. 5 VwGO.

I. Anspruchsgrundlage

II. Formelle Voraussetzungen

1. Antrag

2. zuständige Behörde

III. Materielle Rechtmäßigkeit

1. Tatbestandvoraussetzungen der Anspruchgrundlage

2. Rechtsfolge der Anspruchsgrundlage
   Ein Anspruch auf die begehrte Verwaltungsentscheidung besteht bei gebundenen Entscheidungen und bei Ermessensentscheidungen, wenn das Ermessen auf Null reduziert ist oder ein Fall der Selbstbindung der Verwaltung gemäß Art. 3 GG vorliegt (sog. Vornahmeurteil).

Bei den übrigen Ermessensentscheidungen hebt das Gericht den ablehnenden Verwaltungsakt auf und verpflichtet die Behörde, einen neuen Verwaltungsakt zu erlassen, der den festgestellten Fehler nicht enthält (sog. Bescheidungsurteil). Zu den einzelnen Prüfpunkten wird auf die Ausführungen zur Rechtmäßigkeitsprüfung beim Verwaltungsakt verwiesen.

Allgemeine Leistungsklage

- Normalfall und Unterlassungsklage
  Obersatz: Die allgemeine Leistungsklage ist begründet, wenn der Kläger einen Anspruch auf die begehrte Leistung (Realakt) hat.

- Vorbeugende Unterlassungsklage
  Obersatz: Die vorbeugende Unterlassungsklage ist begründet, wenn der angegriffene Realakt rechtswidrig und der Kläger dadurch in seinen Rechten verletzt ist.

  Die Prüfung ist in beiden Fällen dieselbe wie bei der Verpflichtungsklage (siehe oben Begründetheit der Verpflichtungsklage).

Feststellungsklage

- Bestehen/Nichtbestehen eines Rechtsverhältnisses
  Obersatz: Die Feststellungsklage ist begründet, wenn das streitbefangene Rechtsverhältnis besteht/nicht besteht.
  Hier ist anhand der Norm, die das Rechtsverhältnis regelt, zu untersuchen, ob die Voraussetzungen der Norm erfüllt sind oder nicht.

- Nichtigkeit eines Verwaltungsakts
  Obersatz: Die Feststellungsklage ist begründet, wenn der Verwaltungsakt nichtig ist.
  Die Prüfungsreihenfolge ergibt sich aus § 44 VwVfG (zur Erläuterung siehe unter Fehlerarten des Verwaltungsakts).

Fortsetzungsfeststellungsklage

Obersatz: Die Fortsetzungsfeststellungsklage ist begründet, wenn der Verwaltungsakt rechtswidrig gewesen ist und der Kläger dadurch ins seinen Rechten verletzt worden ist, § 113 Abs. 4 VwGO.

Die Prüfung entspricht der der Anfechtungsklage. Es ist nur zu beachten, dass wegen der Erledigung in der „Vergangenheitsform" zu formulieren ist.

5.2.3 Vorläufiger Rechtsschutz

Häufig ist es für die an einem Verwaltungsrechtstreit beteiligten Parteien nicht zumutbar, bis zur rechtskräftigen Entscheidung in der Hauptsache zu warten. Ein Verwaltungsverfahren mit anschließendem Rechtsstreit kann durchaus, wenn es sich durch mehrere Instanzen zieht, etliche Jahre dauern.

Beispiel: Ein Bürger beantragt eine Baugenehmigung und erhält nach drei Monaten einen ablehnenden Bescheid. Das folgende Widerspruchsverfahren dauert ebenfalls drei Monate und endet mit einem ebenfalls ablehnenden Widerspruchsbescheid. Die dagegen erhobene Klage wird vom Verwaltungsgericht nach einem Jahr abgewiesen, ebenso nach zwei Jahren die hiergegen eingelegte gesondert zugelassene Berufung beim Oberverwaltungsgericht. Schließlich obsiegt der Bürger nach weiteren drei Jahren in letzter Instanz mit der vom Oberverwaltungsgericht zugelassenen Revision. Mittlerweile ist ihm aber die Lust am Bauen abhanden gekommen.

Um wenigstens vorläufig eine schnellere Entscheidung zu erhalten, bietet die VwGO Möglichkeiten für ein gerichtliches „Schnellverfahren". Damit wird dem Gebot effektiven Rechtsschutzes aus Art. 19 Abs. 4 GG entsprochen. Wie der Name schon sagt, ist die Entscheidung nur vorläufig. Sie wird daher in einem verkürzten, summarischen Verfahren getroffen.

▪ **Merke:** Vollständige Rechtssicherheit gibt es erst mit dem Abschluss des Hauptsacheverfahrens durch eine rechtskräftige Entscheidung ▪

Nach der VwGO gibt es zwei Arten des vorläufigen Rechtsschutzes:

- ist im Hauptsacheverfahren eine Anfechtungsklage statthaft, haben Widerspruch bzw. Klage grundsätzlich aufschiebende Wirkung nach § 80 Abs. 1 VwGO; ist diese aber aufgrund gesetzlicher Regelung oder durch eine Anordnung der sofortigen Vollziehung nicht gegeben, gibt es vorläufigen Rechtsschutz über den Antrag auf Anordnung bzw. Wiederherstellung der aufschiebenden Wirkung nach § 80 Abs. 5 VwGO,

▪ Lesen Sie §§ 80, 123 VwGO! ▪

- bei allen anderen Klagearten (Verpflichtungsklage etc.) kann eine einstweilige Anordnung nach § 123 VwGO bzw. nach § 47 Abs. 8 VwGO (im Falle der Normenkontrolle) beantragt werden.

▪ **Merke:** Das Verfahren nach § 80 Abs. 5 VwGO ist vorrangig (§ 123 Abs. 5 VwGO) ▪

Vorläufiger Rechtsschutz

§ 80 Abs. 5 VwGO	§§ 123 bzw. 47 Abs. 8 VwGO
▪ Anordnung bzw. Wiederherstellung der aufschiebenden Wirkung ▪ Bei der Anfechtungsklage	▪ Einstweilige Anordnung ▪ sonstige Klagearten

In der Praxis hat der vorläufige Rechtsschutz eine enorme Bedeutung. Der Gesetzgeber ist nämlich insbesondere bei Genehmigungsverfahren mehr und mehr dazu übergegangen, die aufschiebende Wirkung von Widerspruch und Klage auszuschließen, um die Verfahren zu beschleunigen. Dadurch wird gerade bei Großvorhaben der eigentliche Rechtsstreit im Verfahren des vorläufigen Rechtsschutzes ausgetragen.

Beispiel: Die zuständige Behörde hat einen Planfeststellungsbeschluss für die Erweiterung eines Flughafens erlassen. Nach § 10 Abs. 6 Satz 1 LuftVG hat eine von Nachbarn dagegen erhobene Anfechtungsklage keine aufschiebende Wirkung. Ohne den vorläufigen Rechtsschutz könnte der Bau daher beginnen und solange fortgeführt werden, bis ein Gericht den Beschluss durch rechtskräftige Entscheidung aufhebt.

Anordnung bzw. Wiederherstellung der aufschiebenden Wirkung des Widerspruchs (§ 80 Abs. 5 VwGO)

Grundregel ist die **aufschiebende Wirkung** von Widerspruch und Anfechtungsklage nach § 80 Abs. 1 VwGO. Der Vollzug des Verwaltungsakts ist damit gehemmt (h. M.).

Beispiel: Ein Grundstückseigentümer erhält vom Bauaufsichtsamt die Verfügung, einen Hühnerstall abzureißen. Solange Widerspruch und Anfechtungsklage eingelegt sind und der Streit nicht rechtskräftig entschieden ist, braucht er dieser Anordnung nicht zu folgen.

§ 80 Abs. 1 Satz 2 VwGO stellt klar, dass die aufschiebende Wirkung auch für Verwaltungsakte mit Doppelwirkung gilt.

Beispiel: Ein Unternehmer erhält eine auf das BImSchG gestützte Genehmigung zur Errichtung eines Windparks. Ein Nachbar legt hiergegen Widerspruch ein mit der Folge, dass mit dem Bau der Windfarm nicht begonnen werden darf.

Die aufschiebende Wirkung von Widerspruch und Anfechtungsklage ist grundsätzlich auch bei Unzulässigkeit gegeben, es sei denn, dass ein Widerspruch nicht statthaft ist (vgl. § 68 VwGO), der Verwaltungsakt eindeutig bestandskräftig ist (Fristversäumung) oder dass das Rechtsmittel von einem nicht befugten Dritten eingelegt wurde (§ 42 Abs. 2 VwGO).

§ 80 Abs. 2 VwGO sieht einige Ausnahmen von der eingangs beschriebenen Grundregel vor:

- Nr. 1 (Anforderung öffentlicher Abgaben und Kosten): Widersprüche gegen Steuern, Gebühren, Beiträge und Sonderabgaben haben keine aufschiebende Wirkung, denn die öffentliche Hand kann auf ihre Einnahmequellen auch nicht nur vorübergehend verzichten; außerdem ist es für den Bürger problemlos möglich. ohne Grund gezahltes Geld zurückzuverlangen.
- Nr. 2: Unaufschiebbare Maßnahmen und Anordnungen von Polizeivollzugsbeamten.

  Beispiel: Ein Polizist steht an der Kreuzung und ruft: „Halt". Ein Radfahrer übergibt ihm einen unterschriebenen Zettel mit der Aufschrift „Widerspruch!" und fährt weiter. Der Radfahrer musste anhalten.

- Nr. 3: Andere durch Bundesgesetz geregelte Fälle:

  Beispiel: Nachbarwidersprüche gegen Bauvorhaben haben keine aufschiebende Wirkung (§ 212 a BauGB).

- Nr. 4: Anordnung der sofortigen Vollziehung durch die Behörde: dies ist der wichtigste Fall des Wegfalls der aufschiebenden Wirkung. Die sofortige Vollziehung wird von der Ausgangsbehörde oder der Widerspruchsbehörde angeordnet, wenn der Vollzug eines Verwaltungsakts keinen Aufschub duldet, z. B. aus Gründen der Gefahrenabwehr. Sie kann bereits mit dem Ausgangsverwaltungsakt verbunden oder später, z. B. im Widerspruchsbescheid, gesondert angeordnet werden.

  Voraussetzungen und Anforderungen sind folgende:

  - **Erlass eines Verwaltungsakts**
  - **Anordnungsgrund**:
    öffentliches Interesse: erforderlich ist ein **besonderes** Interesse (vgl. § 80 Abs. 3 VwGO), das über das normale Interesse am Vollzug eines Verwaltungsakts hinausgeht. Die bloße Rechtmäßigkeit eines Verwaltungsakts reicht daher für die Anordnung der sofortigen Vollziehung nicht aus.
    Beispiel: Ein auf einem privaten Grundstück stehender Baum droht auf die Straße zu stürzen. Das Gartenamt ordnet dessen Fällung an und versieht diese mit einer Sofortvollzugsanordnung mit der Begründung, ansonsten seien Leib und Leben der Passanten gefährdet.

    überwiegendes Interesse eines Beteiligten: die sofortige Vollziehung kann insbesondere in Nachbarstreitfällen auch im überwiegenden Interesse eines Beteiligten angeordnet werden. Dazu ist eine **Interessenabwägung** durchzuführen. Der Beteiligte kann nach § 80 a Abs. 1 Nr. 1 VwGO einen entsprechenden Antrag stellen.
    Beispiel: Ein Arzt erhält die Genehmigung zum Betrieb einer Privatkrankenanstalt nach § 30 GewO. Ein Nachbar legt dagegen aus Furcht vor ansteckenden Krankheiten Widerspruch ein. Der Arzt kann einen Antrag auf Anordnung der sofortigen Vollziehung durch die Genehmigungsbehörde stellen.

- **Schriftliche Begründung:** das besondere Interesse an der sofortigen Vollziehung muss gemäß § 80 Abs. 3 VwGO schriftlich begründet werden.

Nach § 80 Abs. 4 VwGO hat zuständige Behörde die Möglichkeit, vor einem Antrag an das Gericht die Vollziehung des (nach § 80 Abs. 2 VwGO sofort vollziehbaren) Verwaltungsakts auszusetzen. § 80 a Abs. 1 Nr. 2 VwGO sieht einen solchen Antrag auch für Dritte vor, die durch einen den Adressaten begünstigenden Verwaltungsakt belastet werden. Allerdings sind entsprechende Anträge selten von Erfolg gekrönt, zumal die Behörde insoweit ein Ermessen hat.

Aus der Sicht des betroffenen Bürgers weitaus effektivere Möglichkeiten bietet daher ein Antrag nach § 80 Abs. 5 VwGO. Hiernach sind bei sofort vollziehbaren VAen zwei Arten von Anträgen möglich. Das Verwaltungsgericht kann:

- die aufschiebende Wirkung des Widerspruchs und der Anfechtungsklage in den Fällen des § 80 Abs. 2 Nr. 1 - 3 VwGO **anordnen** (hier war die aufschiebende Wirkung durch Gesetz von vornherein entfallen) oder
- im Fall des § 80 Abs. 2 Nr. 4 VwGO **wiederherstellen** (hier hatte ja erst die Behörde die aufschiebende Wirkung durch die Anordnung der sofortigen Vollziehung beseitigt).

Insgesamt ergeben sich im Rahmen des § 80 Abs. 5 VwGO vier mögliche Fallgestaltungen (nach Oberrath, Öffentliches Wirtschaftsrecht, 1999, S. 240):

- Der Adressat eines belastenden Verwaltungsakts stellt den Antrag auf Anordnung oder Wiederherstellung der aufschiebenden Wirkung.

  Beispiel: Widerspruch gegen eine Baugenehmigung (Anordnung) oder gegen eine Abrissanordnung mit Sofortvollzug (Wiederherstellung).

- Der Adressat eines begünstigenden Verwaltungsakts, der von einem Dritten angefochten wird, stellt den Antrag auf sofortige Vollziehung (§ 80 a Abs. 1 Nr. 1 VwGO).

  Beispiel: Ein Nachbar legt gegen die Genehmigung einer gentechnischen Anlage nach dem GenTG Widerspruch ein. Der Betreiber kann durch einen Antrag auf sofortige Vollziehung die aufschiebende Wirkung des Widerspruchs beseitigen lassen.

- Bei einem begünstigenden Verwaltungsakt wird die sofortige Vollziehung angeordnet; der Dritte beantragt nunmehr die aufschiebende Wirkung seines Widerspruchs (§ 80 a Abs. 1 Nr. 2 VwGO).

  Beispiel: Ein Unternehmer erhält eine immissionsschutzrechtliche Genehmigung für eine Fabrik unter Anordnung der sofortigen Vollziehung. Der Nachbar kann die Wiederherstellung der aufschiebenden Wirkung seines Widerspruchs beantragen und damit den Bau zunächst stoppen.

- Der Adressat eines belastenden Verwaltungsakts legt hiergegen Widerspruch ein; der durch den Verwaltungsakt begünstigte Dritte stellt den Antrag auf sofortige Vollziehung (§ 80 a Abs. 2 VwGO).

  Beispiel: Ein Diskothekenbetreiber hat einen Bescheid zum Schutz der Nachbarschaft gegen Lärm bekommen und hiergegen Widerspruch eingelegt. Der Nachbar kann mit dem Antrag auf Anordnung der sofortigen Vollziehung den Vollzug des Bescheids erreichen.

Für die **Zulässigkeit** des Antrag nach § 80 Abs. 5 VwGO müssen insbesondere folgende Voraussetzungen erfüllt sein:

- Zulässigkeit des Verwaltungsrechtswegs (§ 40 Abs. 1 VwGO),
- Erlass eines belastenden Verwaltungsakts, gegen den eine Anfechtungsklage statthaft wäre
- Ausschluss der aufschiebenden Wirkung nach § 80 Abs. 2 VwGO,
- Antragsbefugnis analog § 42 Abs. 2 VwGO.

Bei der Prüfung der **Begründetheit** des Antrags kommt es wesentlich auf die Erfolgsaussichten von Widerspruch und Anfechtungsklage in der Hauptsache an. Wären diese **offensichtlich** erfolgreich, weil der Verwaltungsakt rechtswidrig und der Kläger dadurch in seinen Rechten verletzt ist, ist auch der Antrag nach § 80 Abs. 5 VwGO begründet. Das Gericht führt insoweit lediglich eine summarische Prüfung durch; die vollständige Prüfung bleibt dem Hauptsacheverfahren vorbehalten. Führt die summarische Prüfung zu keinem eindeutigen Ergebnis, ist eine Interessenabwägung durchzuführen. Dabei kommt es vor allem auch auf die Konsequenzen an, die die Entscheidung für die Beteiligten haben würde.

In der Rechtsprechungspraxis wird jedoch kaum ein Unterschied zwischen den Verfahren des vorläufigen Rechtsschutzes und den Hauptsacheverfahren gemacht. Da dasselbe Gericht und dieselbe Kammer bzw. derselbe Senat des Gerichts für beide Verfahren zuständig sind, kommt es kaum vor, dass die Hauptsacheentscheidung von der vorhergehenden Eilentscheidung abweicht. Ist die aufschiebende Wirkung per Gesetz ausgeschlossen wie etwa im Baurecht, liegt der Schwerpunkt des Verwaltungsrechtsschutzes in den Eilverfahren. Dasselbe gilt für Fälle, in denen eine Entscheidung in der Hauptsache wenig Sinn machen würde, weil sich diese mittlerweile erledigt hat, wie z. B. bei Demonstrationsverboten. Allenfalls wäre eine spätere Fortsetzungsfeststellungsklage denkbar.

▪ **Merke:** Das Verfahren nach § 80 Abs. 5 VwGO ist in der Praxis regelmäßig entscheidend für den Ausgang des Hauptsacheverfahrens. ▪

Einstweilige Anordnung (§ 123 VwGO)

In allen anderen Fällen als denen des § 80 Abs. 5 VwGO ist eine einstweilige Anordnung möglich. Sie stellt das Verfahren des vorläufigen Rechtsschutzes für Verpflichtungs-, Leistungs- und Feststellungsklagen dar.

Beispiel: Ein Student ist nicht zur abschließenden mündlichen Master-Prüfung zugelassen worden, weil nach Auffassung des Prüfungsamtes ein erforderlicher Leistungsnachweis fehlt. Mit einem Antrag auf einstweilige Anordnung kann er erreichen, dass er vorläufig zugelassen wird.

§ 123 VwGO unterscheidet zwischen Sicherungs- und die Regelungsanordnungen. Bei ersteren geht es um die Sicherung der Rechtsverwirklichung des Antragstellers (Abs. 1 Satz 1), bei letzteren um die Regelung eines vorläufigen Zustands in Bezug auf ein streitiges Rechtsverhältnis (Abs. 1 Satz 2).

Beispiele: Mit einer Sicherungsanordnung kann erreicht werden, dass die Vergabe einer Taxenkonzession im Interesse eines Mitbewerbers einstweilen gestoppt wird (Sicherung des Status quo); mit einer Regelungsanordnung kann die vorläufige Zahlung von Sozialhilfe erzielt werden (Erweiterung des Rechtskreises).

Der Antrag nach § 123 VwGO ist insbesondere unter folgenden Voraussetzungen zulässig:

- Zulässigkeit des Verwaltungsrechtswegs (§ 40 Abs. 1 VwGO)
- Kein Fall des § 80 VwGO (vgl. § 123 Abs. 5 VwGO)
- Geltendmachung eines Anordnungsgrunds (s. unten)
- Bei einer Verpflichtungsklage in der Hauptsache: Antragsbefugnis analog § 42 Abs. 2 VwVfG.

Für die Begründetheit sind ein **Anordnungsanspruch** und ein **Anordnungsgrund** erforderlich. Ein Anordnungsanspruch liegt vor, wenn eine entsprechende materiellrechtliche Rechtsposition gegeben ist. Der Anordnungsgrund betrifft die Eilbedürftigkeit; der Antragsteller darf nicht bis zur Entscheidung im Hauptsacheverfahren abwarten können.

Die Tatsachen für eine einstweilige Anordnung müssen nicht notwendig bewiesen werden, sondern können glaubhaft gemacht werden (§ 123 Abs. 3 VwGO i. V. m. § 920 ZPO).

Beispiel: Bei einem Antrag auf Sozialhilfe kann die Mittellosigkeit durch eidesstattliche Versicherung glaubhaft gemacht werden.

Dementsprechend ist ein Antrag auf Erlass einer Sicherungsanordnung begründet, wenn der Antragsteller einen Anordnungsanspruch in Form eines subjektiven Rechts (wie etwa Abwehrrechte aus dem Grundgesetz) und einen Anordnungsgrund, d. h. die Gefahr, dass das Recht vereitelt oder wesentlich erschwert wird, glaubhaft machen kann.

Beispiel: Ein Unternehmer beantragt, die Auszahlung einer seiner Ansicht nach auf Grundlage eines rechtswidrigen Bescheids an einen Konkurrenten erteilten Subvention zu unterlassen, weil andernfalls die Gefahr droht, dass er wegen Erschöpfung der verfügbaren Mittel leer ausgeht.

Die Regelungsanordnung ist begründet, wenn zwischen den Parteien ein Rechtsverhältnis streitig ist (Regelungsanspruch), dem Antragsteller wesentliche Nachteile drohen und daher die Regelung eines vorläufigen Zustands eilbedürftig ist und die einstweilige Regelung geboten erscheint (hier ist eine Beurteilung der Erfolgsaussichten in der Hauptsache und eine Interessenabwägung durchzuführen).

■ **Merke:** Da es um eine vorläufige Regelung geht, soll eine endgültige Regelung nicht vorweggenommen werden (keine Vorwegnahme der Hauptsache). ■

Systemvoraussetzungen

Für die CD-ROM brauchen Sie einen Computer mit 486 Prozessor (oder neuer), mindestens 8 MB Arbeitsspeicher, 6 MB freien Festplattenspeicher, ein CD-ROM-Laufwerk und eines der Betriebssysteme Windows 95, 98, NT oder XP.

Stichwortverzeichnis

Abänderungsklage 120
Abhilfeverfahren 107
Adressatentheorie 113
Akteneinsichtsrecht 81
Allgemeinverfügung 55
Amt 28
Amtssprache 79
Amtswalter 28
Anfechtungsklage 120, 124
Anhörungspflicht 81
Anordnung der aufschiebenden Wirkung des Widerspruchs 133
Anordnung der sofortigen Vollziehung 134
Anstalten des öffentlichen Rechts 23
Anwendungsvorrang 16
Auflage 62
Auflagenvorbehalt 62
Aufsichtsbeschwerde 105
Auskunft 80

Bedingung 61
Befristung 61
Begründetheitsprüfung 128
Begründungspflicht 82
Behörde 27, 53
Bekanntgabe 67, 77
Beliehene 25, 54
Beratung 80
Bescheidungsurteil 130
Besorgnis der Befangenheit 79
Bestandskraft 67
Bestimmtheit 83
Beteiligte 79
Beteiligten- und Handlungsfähigkeit 118
Betriebs- und Geschäftsgeheimnis 82
Beweismittel 80
Bundesauftragsverwaltung 22
Bundesbehörde 30
Bundeseigene Verwaltung 23
Bundesoberbehörde 29

Dienstaufsichtsbeschwerde 105

EG-Richtlinien 15
EG-Verordnungen 14
Eingriffsverwaltung 42
Einstweilige Anordnung 137
Empfehlungen 15
Entscheidungen 15
Ermessen 44, 45

Fachaufsicht 22
Feststellungsklage 121, 126
Form 117
Formelle Gesetze 10
Fortsetzungsfeststellungsklage 130
Frist 116

Gebietskörperschaften 22
Gebundene Entscheidung 44
Gegenvorstellungen 105
Geheimhaltung 81
Geltungsvorrang 16

Gemeinschaftsaufgaben 23
Gemeinschaftsrecht 14
Gesetzgebungskompetenz 18
Gewohnheitsrecht 8, 19
Gleichbehandlungsgrundsatz 13
Gleichheitsgrundsatz 43
Grundgesetz 9

Informelles Verwaltungshandeln 102
Interessentheorie 38

Juristische Personen 20

Körperschaften des öffentlichen Rechts 21

Landesbehörde 30
Leistungsklage 121
Leistungsverwaltung 42

Materielle Gesetze 10
Mehrstufiger Verwaltungsakt 57
Mittelbare Staatsverwaltung 28
Mittlere Bundesbehörde 29
Mitwirkungsverbote 79
Möglichkeitstheorie 113

Nebenbestimmungen 58
Nichtigkeit 71
Nichtverfassungsrechtliche Streitigkeit 110
Normenkontrollklage 121

Oberste Bundesbehörde 29
Öffentlich-rechtliche Streitigkeit 109
Öffentlich-rechtlicher Vertrag 99
Ordnungsverwaltung 31
Organe 27
Organwalter 28

Personalkörperschaften 23
Petitionen 105

Realakt 130
Realkörperschaften 23
Rechtliches Gehör 81
Rechtsaufsicht 22
Rechtsbehelfsbelehrung 116
Rechtschutzbedürfnis 119
Rechtsquellen 7
Rechtsschutz 64, 104
Rechtsverordnung 10
Rechtsverordnungen 19
reformatio in peius 107
Regelungsanordnung 137
Richterrecht 13
Rücknahme 87

Satzung 11
Satzungen 19
Schutznormtheorie 113
Selbstbindung der Verwaltung 43
Sicherungsanordnung 137
Sonderrechtstheorie 38
Staat 21
Statthaftigkeit 111
Stellungnahmen 15

Stiftung des öffentlichen Rechts 24
Subordinationstheorie 38
Subventionen 43

Umdeutung 73
Unbestimmter Rechtsbegriff 44
Unmittelbare Staatsverwaltung 28
Untere Bundesbehörde 30
Untersuchungsgrundsatz 80

Verbandskörperschaften 23
Verhältnismäßigkeit 48
Verpflichtungsklage 121, 125
Vertretung 79
Verwaltungsakt 49
Verwaltungshelfer 26, 54
Verwaltungsprivatrecht 34
Verwaltungsrechtliches Sonderverhältnis 56
Verwaltungsrechtsweg 108
Verwaltungsträger 20
Verwaltungsvorschriften 11
Völkerrecht 15
Vollstreckung 95
Vollstreckungsgegenklage 121
Vorbehalt des Gesetzes 42
Vorbescheide 51
Vorläufiger Rechtsschutz 131
Vornahmeurteil 129
Vorrang des Gesetzes 41

Wesentlichkeitstheorie 42
Widerruf 87
Widerrufsvorbehalt 61
Widerspruchsbefugnis 112
Widerspruchsbehörde 25
Widerspruchsverfahren 106
Wiedereinsetzung 117
Wiederherstellung der aufschiebenden Wirkung des Widerspruchs 133
Wiederholende Verfügung 52
Wirksamkeit 67

Zuständigkeit 77
Zweckmäßigkeit 107
Zweistufentheorie 36
Zweitbescheid 52